すぐに役立つ

◆入門図解◆
最新
メンタルヘルスの法律問題と
手続きマニュアル

社会保険労務士 林 智之 監修

三修社

本書に関するお問い合わせについて

　本書の内容に関するお問い合わせは、お手数ですが、小社あてに郵便・ファックス・メールでお願いします。お電話でのお問い合わせはお受けしておりません。内容によっては、ご質問をお受けしてから回答をご送付するまでに１週間から２週間程度を要する場合があります。

　なお、個別の案件についてのご相談や監修者紹介の可否については回答をさせていただくことができません。あらかじめご了承ください。

はじめに

　ケガや病気は身体にのみ現れるものではなく、近年では心の病をめぐるトラブルが大きな問題になっています。仕事や職場での人間関係などに悩み、心の健康のバランスを崩す人が増加しています。厚生労働省が平成22年に実施した労働者安全衛生基本調査によると、1000人以上の規模の事業所では実に9割近くが「メンタルヘルス上の理由により連続1か月以上休職または退職した労働者がいる」と回答しています。しかし、メンタルヘルス（心の健康）は、外部から評価することは困難であることや、個人差が著しいという特徴があります。メンタルヘルスの問題を、事業者の側から見ると、労働者の管理の問題に結びつくため、心の病が発生するおそれがある職場環境の改善や、労働者のストレス要因を取り除く努力が求められます。一方で、実際に心の病を患ってしまった労働者の側からメンタルヘルスの問題を見ると、仕事の継続が困難になり、生活に重大な影響を与えるおそれがあるとともに、プライバシーに関わる非常に繊細な問題であるといえます。そのため、事業者側が、改善のために過度に干渉することは、場合によっては、労働者の尊厳を傷つけてしまうことさえあります。そこで、労働者自身もメンタルヘルスに関する十分な知識を持ち、心の病の予防や、ストレス軽減の工夫を行うことが必要です。

　本書は、メンタルヘルスをめぐる法律・指針から、休職、復職支援、社会保険・労働保険まで、メンタルヘルス対策を立てる上で事業主が知っておくべき事項を幅広く解説しています。メンタルヘルスとともに、会社で問題となることが多い、セクハラやパワハラをめぐる問題についても取り上げています。また、心の病にかかり、復職支援を受けたり、労災申請や障害年金の受給を検討している従業員やそのご家族の方が、手続を行う際に必要な知識もフォローされています。

　本書をご活用いただき、職場のメンタルヘルス対策やセクハラ・パワハラをめぐる問題に役立てていただければ、監修者として幸いです。

監修者　社会保険労務士　林　智之

Contents

はじめに

第1章　職場のメンタルヘルスをめぐる法律知識

1　なぜ職場でメンタルヘルスが問題になるのか　　　10

2　メンタルヘルス疾患の症状と対策を知っておこう　　　13
　　■**相談**　メンタルヘルス疾患の疑いのある社員への対応　　　18

3　社員が不調を訴えたらどうしたらよいのか　　　20

4　セクハラやパワハラによる健康被害について知っておこう　　　22
　　■**相談**　職場でのいやがらせ行為の種類　　　25

5　メンタルヘルスをめぐる法律にはどんなものがあるのか　　　28

6　労働基準法について知っておこう　　　30
　　■**相談**　メンタルヘルス疾患と試用期間　　　32

7　労働安全衛生法について知っておこう　　　33

8　安全配慮義務について知っておこう　　　38
　　■**相談**　会社側の安全配慮義務　　　43
　　■**相談**　息子の自殺と会社の責任　　　44
　　■**相談**　裁量労働と安全配慮義務の関係　　　45

9　労働者災害補償保険について知っておこう　　　47

10　ガイドラインについて知っておこう　　　49

11　メンタルヘルスの個人情報の管理について知っておこう　　　52

第2章　休職をめぐる法律知識

1　休職とはどのような制度なのかを知っておこう　　　56
　　書式　私傷病休職取扱規程　　　59
　　書式　休職辞令　　　63
　　■**相談**　休職中の賃金　　　64

| ■**相談** 私傷病休職の取得上の注意点 | 65 |
| ■**相談** 休職期間と有給休暇 | 67 |

2 休職をめぐるさまざまな問題について知っておこう　68
| ■**相談** 職場復帰と退職勧奨 | 70 |
| ■**相談** 休職期間満了後の退職 | 72 |

3 休職と復職を繰り返す社員にはどのように対処すればよいのか　73

4 休職命令など不利益処分の出し方はどうする　75
| ■**相談** 欠勤や遅刻、早退への対策 | 78 |

5 休職中の社員の管理はどうすればよいのか　79
| ■**相談** 休業や復職のための要件 | 81 |
| ■**相談** 休職満了後の解雇 | 82 |

第3章　メンタルヘルス対策と復職支援

1 健康診断と診断結果について知っておこう　84

2 ストレスチェックについて知っておこう　87

3 社員がうつ病になったらどうする　92

4 メンタルヘルスへの取組みはどのように行えばよいのか　98
| ■**相談** メンタルヘルス対策と外部専門機関の活用 | 103 |

5 管理監督者はここに気を配る　104

6 職場復帰支援の方法を知っておこう　107

7 職場復帰についてこれだけはおさえておこう　109

8 復職後の業務遂行の仕方について知っておこう　113
| ■**相談** メンタルヘルス疾患の再発 | 115 |

第4章　メンタルヘルスと社会保険・労働保険

1　メンタルヘルスと業務災害の関係について知っておこう　118

2　労災保険の請求手続きについて知っておこう　122

3　健康保険について知っておこう　125

4　パワハラやセクハラが原因で治療を受けたときの届出　128
　　書式　療養補償給付たる療養の給付請求書　130
　　書式　療養補償給付たる療養の費用請求書　131

5　業務上のパワハラやセクハラが原因で休業したときの届出　133
　　書式　休業補償給付支給請求書　136

6　従業員が業務中に負傷したときの報告書　140
　　書式　労働者死傷病報告　141
　　書式　労働者死傷病報告（休業が4日未満の場合）　142

7　傷病手当金について知っておこう　143
　　相談　休職期間中の社会保険　145
　　相談　休職と所得税や住民税の納付　146

8　業務以外で負傷・病気をしたときに手当金を受けるための手続き　147
　　書式　健康保険傷病手当金支給申請書　149

9　パワハラで死亡した労働者の遺族が遺族補償年金を請求する　153
　　書式　遺族補償年金支給請求書　156

第5章　過労死と労災認定・労働審判の手続き

1　過労死とはどんなことなのか　158

2　過労死の原因と予防法を知っておこう　161

3　職場で過労死を防ぐにはどうすればよいのか　165
　　相談　過労死と遺族による損害賠償請求　169

4	過労死を疑った場合の家族の対応	170
5	過労死は労災である	174
6	過労自殺・自殺について知っておこう	179
7	過労死の認定基準について知っておこう	183
8	どんな書類を準備するのか	186
9	申立書はどのように書けばよいのか	189
	書式 過労死の労災認定を求める申立書	191
10	意見書とはどんな書類なのか	195
11	労災認定された場合にはどうする	198
12	会社と折り合いがつかない場合には労働審判の申立てをする	202
	書式 過労死を理由に損害賠償を請求する場合の労働審判申立書	205

第6章 被災労働者のための障害年金のしくみと受給手続き

1	障害年金はどんなしくみになっているのか	210
	資料 障害等級表（1級と2級）	213
	資料 障害等級表（3級）	214
2	障害基礎年金のしくみと受給額について知っておこう	215
3	障害厚生年金のしくみと受給額について知っておこう	218
	■相談 世帯収入がある場合の受給の可否	221
4	障害手当金のしくみと受給額について知っておこう	222
	■相談 障害の程度が緩和あるいは悪化した場合	224
	■相談 後から障害認定日請求をすることの可否	226
5	労災や健康保険の給付も同時に受給できるのかを知っておこう	227

6 障害年金の請求パターンについて知っておこう 230

　　■相談　障害年金を遡って請求できるか 233

7 障害年金はいつから受給できるのかを知っておこう 234

　　■相談　受給するために何から始めればよいのか 236

8 提出書類を用意するときに気をつけること 237

9 その他の書類を準備し提出する 241

10 年金請求書などの書類の書き方を知っておこう 244

　　書式　年金請求書（国民年金・厚生年金保険障害給付、うつ病） 246

　　書式　病歴・就労状況等申立書（うつ病の場合） 250

　　資料　受診状況等証明書 251

　　資料　診断書 252

　　資料　受診状況等証明書が添付できない申立書 254

第1章

職場のメンタルヘルスを
めぐる法律知識

　本章では、労働者がメンタルヘルスの症状を訴えた場合を想定して、主なメンタルヘルスの症状と、それに対する事業者の対応について解説します。また、メンタルヘルスをはじめ、労働者の心身の健康を守るために事業者が従うべき法的規制や、労災保険のしくみ、労働者の個人情報保護に関する義務についても取り上げています。

1 なぜ職場でメンタルヘルスが問題になるのか

メンタルに問題を抱える労働者が増えている

■ メンタルヘルス悪化の要因は何か

　近年職場においてメンタルヘルスが悪化している要因としては、次のようなものが考えられます。

① 仕事量が多く、拘束時間が長い

　業績不振や不況の影響で、企業がリストラや新規採用の制限といった手段をとらざるを得ない状況に陥る場合があります。このような対応は、経費の削減や効率的な業務執行には一定の効果をもたらしますが、中心となって働く社員が減った分、残った社員が担う業務の量や責任は増大し、肉体的・精神的に過度な負担がかかるようになります。

② 雇用形態の複雑化

　人員削減の一方、不足する労働力を補う目的で拡大した雇用形態の多様化は、メンタルヘルスの面でも問題視されています。たとえば正社員（正規雇用の労働者）と、パートや派遣などの非正規雇用の労働者が同じ職場で働くことで、仕事の割合や情報管理などの面で正社員の負担は増大します。また、非正規雇用の労働者は、単純な仕事しか与えられない、賃金が安い、常にいつ解雇されるかわからない不安がある、正社員より一段下に見られる、などの精神的なストレスを抱えることも多くなります。

③ 人間関係の希薄化

　雇用形態の複雑化はさらに、人間関係の希薄化という問題も生んでいます。終身雇用の時代には、従業員を家族のように扱い、一丸となって会社をもり立てていこうという職場環境がありましたが、雇用形態が違うとそのような仲間意識は生まれず、コミュニケーションを

とることも減っていきます。場合によっては立場の違いが対立の原因
になってしまうこともあります。

　また、パソコンや携帯電話、モバイルといったIT機器の導入も、
メンタルヘルス悪化の要因になっています。IT機器を活用すること
によって業務の効率は劇的に上がりますが、一方で直接顔を合わせる
ことなくメールで事務的な連絡を取り合うだけになるなど、コミュニ
ケーションの機会が減ってしまいます。このような状況では、部下が
悩みを抱えていても上司は気づくこともできませんし、部下の方も相
談を持ちかけることができません。つまり、IT機器が人間関係の希
薄化に拍車をかけているともいえるのです。

■■ どんな業種で多いのか

　厚生労働省「平成28年　労働安全衛生調査（実態調査）」によると、
過去１年間に連続１か月以上休業した労働者割合は、情報通信業が
1.2％、金融業・保険業が1.0％と、他の業種の0.4％前後と比較して特
に高い数値です。一方、退職者割合は医療・福祉が0.4％であり、他

■ メンタルヘルス悪化の要因 ……………………………………………

第１章 ◆ 職場のメンタルヘルスをめぐる法律知識　　11

の多くの産業が0.1 〜 0.2％であるのと比較して高い数値です。

　また、地方公務員安全衛生推進協会が行っている「地方公務員健康状況等調査」によると、長期病休者の休業理由のうち「精神及び行動の障害」の数（10万人率）は、平成13年度の446.6人から平成28年度の1337.8人へと約３倍にふくれあがっており、公務員のメンタルヘルスが悪化している現状が伺えます。

■ 企業はどのような姿勢で取り組むべきか

　このように、職場のメンタルヘルスが社会問題として注目される一方、「メンタルヘルスは個人の問題」「その人の心が弱いだけ」という声が根強いのも事実です。労働政策研究・研修機構が平成22年度に実施した「職場におけるメンタルヘルスケア対策に関する調査」によると、メンタルヘルスケアに取り組んでいる事業所が50.4％と半数以上に上っている一方、取り組んでいない事業所のうち42.2％がその理由として「必要性を感じない」と回答しています。

　しかし、職場でメンタルヘルス不全を起こす要因は、職場の環境であったり、仕事の質であったりと、その職場で働く人なら誰でも感じるようなものであり、放置すれば次々と同じような状態になる人が出てくる可能性があります。また、メンタルヘルス不全を起こす人が増えれば、当然職場の雰囲気は悪化します。本人の作業効率が落ちることはもちろんですが、その分、同じ職場で働く人の負担は増大し、精神的にも肉体的にも余裕がなくなっていくのです。その結果、企業全体の生産性に影響が出てくることにもなりかねません。

　コスト面の問題も深刻です。メンタルヘルス不全を起こした人が休職を申し出た場合、休業補償や補充人員の給与、医療費などの経費がかかりますし、損害賠償などの負担が生じる可能性もあります。企業には、メンタルヘルス対策を重大な問題ととらえ、労働者や社会に対する責任として積極的に取り組む姿勢を示すことが求められています。

2 メンタルヘルス疾患の症状と対策を知っておこう

疾患の原因や症状を知ることで対応も変わる

■ どんな病名があるのか

　メンタルヘルス疾患として診断書などでよく見かける病名としてまず挙げられるのは、ドラマや映画などでも取り上げられ、社会的な認知度が高まった「うつ病」です。最近では、休暇中は元気なのに会社にいくと途端にうつの症状を示す、いわゆる「新型うつ病」が若い世代に広がっているとして問題視されています。また、うつ病に似た病気として「躁うつ病」があります。

　さらに、うつ病や躁うつ病という明確な病名をつけることはできないものの、これらと似たような症状がある場合には、「抑うつ状態」という表現が使用されることもあります。

　この他には、「不安障害」「適応障害」「自律神経失調症」「統合失調症」といった病名が一般によく見られます。

■ 病気の症状について

　では、これらの病気にかかることによって、どのような症状が現れるようになるのでしょうか。

① うつ病

　うつ病は、多忙や不安、人間関係などによるストレスなどをきっかけに脳内物質セロトニンなどの分泌が異常をきたし、精神的・身体的な症状が現れる病気と言われています。

　主な症状は意欲の低下や無気力、憂うつ感などで、何もする気がおきず、ぼうっと一日を過ごしてしまったり、やり始めても緩慢な動作でミスを繰り返すといったことが増えます。また、睡眠障害や頭痛・

第1章 ◆ 職場のメンタルヘルスをめぐる法律知識　13

背中痛など身体的な痛み、下痢・便秘といった症状が出て、遅刻・早退・欠勤を繰り返すことも多くなります。

② 躁うつ病

　うつ病の症状とまったく逆に、必要以上に意欲が向上し、根拠のない自信を持って物事にあたってしまう状態を「躁状態」と言い、この躁状態とうつ状態を繰り返す病気を躁うつ病といいます。

　躁状態のときには自分で気持ちを抑えることができず、いわば暴走状態になります。自分の能力以上の仕事を引き受けてしまったり、気が大きくなって大金をギャンブルにつぎ込む、周囲が傷ついているのに気づかず独断で行動してしまうといったことが多くなります。

　なお、躁うつ病はうつ病の一種ではなく、まったく別の病気です。治療法も異なるため、注意が必要です。

③ 抑うつ状態

　うつ病や躁うつ病といった診断名をつけられるような状態ではないものの、症状としてうつ病などに近いものが現れているときに、よく使用される表現です。仕事に対してやる気が出ない、集中できないといった状態になりますが、軽度であれば一時的に回復する場合もあり、見逃されがちです。

　抑うつには、程度に応じて2つの段階に分類することができます。ひとつは抑うつ気分と呼ばれる段階であり、もうひとつが抑うつ状態と呼ばれる症状です。主に、抑うつ気分とは、本人が主観的に感じる落ち込みや気分の低下を指します。そして、抑うつ気分が悪化し、常態的に思考がマイナスに陥り、何事に対しても意欲が低下した状態を抑うつ状態と呼びます。外見から、抑うつ気分にある人を見分けることは困難で、日常生活に支障をきたすほどの変調を、本人が自覚できないことも少なくありません。そのため、しっかりしなければならないという焦りから、無理をし過ぎてしまい症状を悪化させ、深刻な抑うつ状態にまで至ってしまうことがあります。

14

④　不安障害

　さまざまな要因で不安や恐怖を感じることは日常誰にでもあること
です。その感覚はむしろ、生命維持のために必要な機能ともいえるわ
けですが、本来不安や恐怖を感じる対象ではないものにまで過剰に反
応して身動きがとれなくなったり、動悸や息切れなどの身体症状を示
すようになると日常生活にも支障をきたします。このような症状が現
われるのが不安障害です。

　不安障害は、発症のきっかけや症状などによって、社交不安障害や
パニック障害、恐怖症などさまざまなものに分類されます。

　たとえば社交不安障害では、人と接したり人前で話をすることに強
い不安や緊張を感じ、営業活動中や会議などの場で一言も話せなくな

■ 職場で生じる可能性があるメンタルヘルス疾患

名称	特徴
うつ病	多忙や不安、人間関係などによるストレスなどをきっかけにして、精神的・身体的な症状があらわれる病気
躁うつ病	躁状態とうつ状態を繰り返す病気。うつ病とは異なる別の病気で治療法も異なる
抑うつ状態	うつ病や躁うつ病といった診断名をつけられる段階には至っていないものの、症状としてうつ病などに近いものが現れている状態
不安障害	本来不安や恐怖を感じる対象ではないものにまで過剰に反応する症状が現れる病気。社交不安障害やパニック障害、恐怖症などがある
適応障害	ある特定の環境や状態がその人にとって強いストレスとなり、不安症状や抑うつ状態といった症状が現れること
自律神経失調症	ストレスやホルモンバランスの乱れなどが原因で自律神経が正常に働かず、めまいや動悸、頭痛、睡眠障害、倦怠感などが生じる病気
統合失調症	脳の機能に問題が起こることで生じるとされている精神病の一種。幻覚や幻聴、妄想などが主な症状

第 1 章 ◆ 職場のメンタルヘルスをめぐる法律知識　　15

ることや、目まいや動悸、手足のふるえなど身体的な症状が現れることもあります。このような症状が続くと、出勤はおろか自宅から出ることもできなくなったり、うつ病など他のメンタルヘルス疾患を併発することもあります。

パニック障害も動悸や吐き気、窒息感、手足のふるえといった症状が発作的に現れる疾患です。社交不安障害との違いは、「人と接する」といった明確なきっかけがなくても、突然症状が起きることです。実際には呼吸器や循環器などの異常がないにもかかわらず、時に命にかかわるのではないかという強い症状を示すこともあり、業務中に発作が起きれば仕事上のさまざまな面で支障をきたすことになります。

⑤　適応障害

ある特定の環境や状態がその人にとって強いストレスとなり、不安症状や抑うつ状態といった症状が現れることを適応障害といいます。

強い不安感から深酒をして遅刻、早退、無断欠勤などを繰り返すようになったり、仕事に対して意欲がわかず、失敗を繰り返すといった問題を起こすこともあります。職場では就職や転勤、異動などで職場環境が変わったときなどに発症することがあります。

⑥　自律神経失調症

自律神経失調症は、古くからよく知られた名称ですが、現在では病名としてではなく、症状のひとつとして理解されています。ストレスやホルモンバランスの乱れなどが原因で自律神経が正常に働かず、症状が現れると言われています。また、うつ病などの病気に付随して現れることもあります。

職場ではめまいや動悸、頭痛、睡眠障害、倦怠感などの身体的な症状を訴え、仕事に集中できなくなったり、休みがちになることが多いようです。

⑦　統合失調症

統合失調症は、おおむね100人に1人の割合で発症する精神病で、

ストレスがそのきっかけとなると言われています。脳の機能に問題が起こり、自我とそうでないものの区別がつかなくなる、考えをまとめるのが難しくなるといった状態に陥ります。

主な症状として、幻覚や幻聴、妄想といったものが挙げられます。職場では変わった言動を繰り返したり、実際にはそんなことはないのに「会社でみんなが悪口を言っている」と思い込み、人との接触を避けようとすることもあります。

■■ どのように対応したらよいのか

職場に遅刻や早退を繰り返したり、仕事に対するやる気が感じられず、ミスばかりしている人がいた場合には、まずは話を聞いて励ましたり、気分転換に誘うなどしてきちんと仕事ができるように協力するという人が多いのではないでしょうか。しかし、その状態が長引くと周囲の負担も重くなりますから、怒りをぶつけたり仕事を与えない、場合によっては減給や異動といった形で、ミスなどに対して制裁を行うこともあるかもしれません。

③抑うつ状態や⑤適応障害の人の場合、話を聞いたり職場環境を変えるといった対応をすることによって、症状が改善する可能性もあります。しかし、①うつ病などの場合、励ましや気分転換がかえって本人の負担となり、病状を悪化させることにもなりかねません。また、意味不明の言動を繰り返す⑦統合失調症の人に対し、感情的に怒りをぶつけても、本人はその怒りの意味が理解できず、ますますその本人孤立を深めてしまう可能性があります。

つまり、その人の状態によってとるべき対応は異なるわけですが、特に①うつ病や②躁うつ病、⑦統合失調症といったメンタルヘルス疾患を抱えているのではないかと思われる人がいる場合には、まず専門医の診断を受け、適切な治療を受けるように促すことが重要です。

第1章 ◆ 職場のメンタルヘルスをめぐる法律知識　**17**

相談 メンタルヘルス疾患の疑いのある社員への対応

Case 最近、社員の中に「他人が全員自分の悪口を言っている」な
どと言って、言動に異変がありメンタルヘルス疾患（精神疾患）を
患っている疑いがある者がいます。会社としては、面談等を行うなど、
どのように対応するのが適切なのでしょうか。

回答 まずは一度、管理職にあたる者との間で面談を行う機会を設
けましょう。その際、管理職者は精神疾患を患っているかもしれない
ことを念頭に入れて、言葉遣いには十分注意する必要があります。こ
こでいきなり経営者が話をするのではなく、管理職者が話をするのは、
その社員をよく知る身近な上司がじっくりと話を聞く姿勢を示すこと
で、その社員によけいな負担を与えないようにするためです。そして、
その社員から自然に話を聞けるように配慮しながら、心療内科、精神
科などにかかるように業務命令を出すようにします。

　その際、一度体調を確認してみた方がよい、とあくまでも本人の体
調を心配していることを伝えます（もちろん、口先だけではなく本当
にそう思っていることが前提です）。その際、ただ受診するのではな
く、医師による診断書を提出させるようにします。また、うつ病など
の精神疾患を患っていた場合には、医師の判断を仰ぐようにします。

　もっとも、社員自身がメンタルヘルスの不調を認めないようなとき
は、客観的な指標ともいえる医師の診断書等を入手することが困難に
なります。その場合は、より強固な態度で臨まなければならない可能
性もあります。たとえば、就業規則の規定を根拠に、社員に対して受
診命令を発し、なお受診しないのであれば、出勤停止等の懲戒処分を
行わざるをえない事態になるかもしれません。

　仕事が原因で精神疾患を患った場合には、一度休職させることも視
野に入れて話し合うようにしましょう。体の病気と同じように、とに

かく病気を治すことを第一として、復職できる状況になったら会社としては歓迎することを伝え、本人の不安を取り除いた上で休ませるようにします。

●**休職では不十分で、転職等が必要になる場合もある**

精神疾患で休職したケースでは、医師の診断を得て復職しても、その後に欠勤やミスを繰り返す事例が多く見られます。精神疾患の場合には、体の病気と異なって、一律に判断しにくいのが難点です。場合によってはムリに復職させずに、転職させた方がよいこともあります。

いずれにしても、配置転換したり、労働時間を減らすといった対応を行って、本人が復職して以前と同じ状態で働けるようになるまで、会社側としてできる限りの配慮を行う必要があります。それでも状況がよくならない場合には、復職しても十分な労務の提供が病気によってできていないことを伝えて退職勧奨するようにします。

精神疾患を患っている社員を相手に休職や復職、退職といった話をする場合、本人だけでなく医師や本人の家族などにも相談した上で、本人と家族が納得できる方法をとれるようにしましょう。

なお、精神疾患に患っているという診断結果ではなかった場合、まずは勤務態度を改めるように注意を与える一方で、有給休暇を使うように勧めるといった方法で、休暇をとって疲れをとるように促して気分転換をさせるようにします。診断結果に問題がなかったとしても、精神疾患を患う一歩手前の状態である場合があるため、しばらくは注意して観察する必要があります。

■ うつ病の疑いがある社員への対応

第1章 ◆ 職場のメンタルヘルスをめぐる法律知識 19

3 社員が不調を訴えたらどうしたらよいのか

よかれと思ったことが裏目に出る場合もある

■■ 職場での対応には危険がいっぱいある

　メンタルヘルスに問題を抱える人にとって重要なことのひとつに、周囲の対応があります。その対応次第で症状が劇的に改善することもある一方、ますます悪化させることも少なくありません。職場にメンタルヘルスの不調を訴える社員がいる場合には、上司や同僚などが必要な対応を知り、互いに配慮することが求められます。

　ただ、メンタルヘルス疾患への対応は、正解が一つとは限りません。その原因や症状は人によってさまざまで、一般的に正しいと言われていることでも、その人にとっては逆効果になることもあります。

　たとえば社員が「適応障害により3か月程度の療養を要する」という診断書を提出してきたときに、3か月の休職を命じたとします。上司にしてみれば「仕事を離れて休むことが必要」という判断で休職を命じたのかもしれませんが、適応障害の原因が職場の労働環境や人間関係にあった場合、たとえ3か月後に症状が回復して職場に復帰しても、すぐにまた同じ症状が現れる可能性が高いといえます。このような場合には、単に休職させるだけではなく、労働環境を見直す、職場を移す（異動する）、人間関係の改善に努めるといった対応をすることが必要になります。

　また、同僚から「最近仕事に対する意欲がわかず、集中できない」という相談を受けた場合に、仕事から離れて気分転換をすればよいのではないかと考えて、飲みに誘ったりイベントを開いたりすることがあります。その症状が一時的なものであれば気分転換は意欲向上に効果がありますが、すでにうつ病にかかっている人の場合、そのような

20

誘いはかえって負担をかけることになります。場合によっては相談する先をなくし、出勤することすらできなくなってしまったり、「同僚の好意を無にするなんて自分はだめな人間だ」とさらに落ち込み、自殺念慮（自殺したいという気持ちがあること）にとりつかれる危険性もないとはいえません。

このように、周囲はよかれと思って行動しているにもかかわらず、それが適切な方法ではないために、かえって本人を危険な状態に追い込む場合があることを知っておくことが必要です。

社員から訴えがあったら、まずは本人の話を聞きましょう。その際、できるだけ話しやすい環境づくりを心がけることが重要です。具体的には、「周囲に話が聞こえない場所で話す」「本人の話を否定したり、自分の話に置きかえたりするのではなく、とにかく聞くことに重きをおく」といったことが挙げられます。

そして、本人から話を聞いた後に、できることなら家族や医師などからも情報を集め、必要な対応を検討していくことが求められます。

■ **社員から不調の申し出を受けたときの注意点**

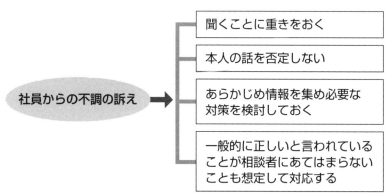

4 セクハラやパワハラによる健康被害について知っておこう

被害者の主観を重視する

■■ どんな問題点があるのか

　職場で従業員に対してハラスメント（嫌がらせ）が行われた場合、それは従業員のストレスとなり、従業員の健康に影響を与えることがあります。職場での嫌がらせの内容として、セクシャルハラスメント（セクハラ）やパワーハラスメント（パワハラ）などがあります。

　セクハラについては法律などで厳密に定義づけられているわけではありません。しかし、男女雇用機会均等法11条では、職場において性的な言動がなされることで労働者が不利益を被らないように、事業者が配慮すべきことが定められています。セクハラについて厳密な定義はしていませんが、法律には性的な言動から労働者を守ることが規定されています。

　どのような行為がセクハラに該当するかは、原則としては性的な嫌がらせを受けた側の主観を基準に判断します。たとえば、相手の体に必要以上に触れる、無理やりデートに誘う、性行為を強要するといったことが典型的なセクハラに該当します。この他にも、酒の席で酌をさせたり、水着・ヌードポスターを職場の壁に貼ったりすることもセクハラになる場合があります。このような行為も、性的な観点から被害者は不快と感じることがあるからです。

　次に、パワハラについて説明します。厚生労働省はパワハラについては定義をしています。つまり、「同じ職場で働く者に対して、職務上の地位や人間関係などの職場内の優位性を背景に、業務の適正な範囲を超えて、精神的・身体的苦痛を与えるまたは職場環境を悪化させる行為」がパワハラに該当するとしています。

具体的には、労働者に対する暴行行為や傷害行為がパワハラに該当するのはもちろん、相手を侮辱することや、業務上明らかに不要なことや遂行不可能なことを強制することもパワハラになります。つまり、職場内での立場が上であることを利用して相手を不快にさせる行為がパワハラになります。

■■ いじめがメンタルヘルス疾患の原因になることもある

　職場におけるセクハラやパワハラは、労働者が体調を崩す原因になることがあります。セクハラやパワハラがストレスとなり、メンタルヘルス不調に陥るのです。セクハラ・パワハラが原因で労働者の健康状態が悪化していると裁判所が認めたケースもあります。

■■ 法的責任を追及されることもある

　職場でセクハラやパワハラを受けた従業員がいる場合、事業者も法的責任を負う場合があります。ここでは、会社（事業者）が法的責任を負うと裁判所が判断した事例を紹介します。

　まず、上司が部下である女性の異性関係が乱れていることを職場の内外で噂したことで、その女性が退職に追い込まれたという事例では、裁判所は、会社がそのような事態に適切に対処する義務を怠ったとして、その女性に対して損害賠償責任を負うと判断しました。

　また、男性従業員が女子トイレに侵入していることを発見した女性従業員が、そのことを会社に報告したにもかかわらず、会社は事実関係を確認しようとせず、問題を放置していたという事例では、裁判所は、会社が職場環境を守る義務を怠ったとして、女性従業員に対して慰謝料を支払う義務があると判断しました。

　さらに、同じ職場で働いている他の職員に陰口を言われ続け、それを苦にして自殺してしまった職員がいるという事例では、裁判所は、会社が職場の環境を守る義務を怠ったとして、職員の遺族に対して損

害賠償責任を負うと判断しました。

　このように、会社が職場の環境を管理している以上、セクハラやパワハラを防止する義務があり、もし職場内でセクハラやパワハラが起こった場合には、事業者も法的責任を負います。

■■ どのような対策を講じればよいのか

　セクハラやパワハラを防止したり、実際にセクハラやパワハラが起こった場合にはそれを解決するために、会社は積極的にさまざまなことを行う必要があります。

　最初にやるべきことは、職場内でセクハラやパワハラがあってはならない旨を会社が労働者に周知させることです。周知を行う過程で、セクハラやパワハラに対しては厳しく処分を行うことも就業規則などで定めると、効果的に労働者に対する周知徹底をすることができます。

　また、セクハラやパワハラに対する相談窓口を社内に設けることも必要です。セクハラやパワハラの被害者は、被害を誰に相談すればよいかわからないまま泣き寝入りしてしまうことがあります。そのような事態を防ぎ、セクハラやパワハラに対して適切に対応するためには相談窓口の設置が必要となります。

　さらに、実際にセクハラやパワハラが起こってしまった場合には、それに対して適切かつ迅速に対応することが必要となります。具体的には、当事者の言い分をよく聞き事実関係を明らかにして、セクハラやパワハラがあったならば、加害者に謝罪を要求したり、被害者と加害者の関係改善のための措置を講じることが必要です。

　会社には、労働者が働きやすい環境を作る義務があります。そのため、ここで挙げていないセクハラ・パワハラ対策であっても、より効果的な対策があれば、積極的に実施していくべきです。

相 談 職場でのいやがらせ行為の種類

Case 昨今では、セクハラをはじめ、さまざまな種類のハラスメント行為があると聞きますが、特に職場での「いやがらせ」行為にはどんなものがあるのでしょうか。

回 答 ハラスメントとは、人の尊厳を傷つけ、精神的・肉体的な苦痛を与える嫌がらせやいじめのことで、その方法や理由などによってさまざまな種類があります。

① セクシャルハラスメント

略して「セクハラ」といいます。性的いやがらせと訳されるセクハラは、今や社会全体で取り組むべき問題として定着しました。

職場で問題になるセクハラの具体的な内容は、ヌード写真のカレンダーを掲示する、性的な冗談を言う、軽く体の一部（肩や腕など）にふれるなど、見方によってはコミュニケーションの一環とされてしまうような行為から、執拗に食事やデートに誘う、性的な関係を要求するといった犯罪まがいの行為までさまざまです。一般に被害者となるのは女性ですが、中には男性が被害者の場合もあります。また、加害者側がセクハラと認識しないまま行為に及ぶことも多くあります。

② パワーハラスメント

パワハラともいい、昨今増加傾向にあるハラスメントです。一般的には職場内での上下関係を背景として、上司が部下に対して行う嫌がらせを指して使われることが多くありますが、厚生労働省が平成24年3月に発表した「職場のパワーハラスメントの予防・解決に向けた提言」では、同僚間で行われる嫌がらせや、部下から上司に対して行われる嫌がらせもパワハラに含まれるとしています。

具体的な内容としては、暴言や暴行といった直接的な攻撃の他、客観的に見て明らかに過重なノルマを課す、専門外の業務を要求するな

第1章 ◆ 職場のメンタルヘルスをめぐる法律知識　25

どの過大な要求、反対に仕事を与えないなどの過小な要求、無視や仲間外れをする、といったことが挙げられます。

③　モラルハラスメント

　肉体的な暴力を伴わない、精神的な嫌がらせやいじめのことで、モラハラともいいます。主に、言葉や態度などの言動によって行われます。執拗に叱責する行為や相手の人格を否定するような態度をとることがモラルハラスメントの例です。加害者としては意図的ではなくても、加害者の言葉や態度などによって被害を受けている場合にはモラルハラスメント扱いとされます。なお、パワハラとの違いは、職場などの上下関係とは無関係に行われる点にあると言われています。

④　マタニティハラスメント

　マタハラとも呼ばれ、働く女性が妊娠や出産を理由に職場で嫌がらせを受ける場合や、妊娠や出産を理由として左遷、解雇などの扱いを受けることです。マタハラを行う加害者には、女性特有の心身の状態を理解しない男性が多いというイメージがありますが、同性が加害者となる場合もあります。つわりで苦しむ人に悪口を言う行為や、健診などで遅刻や早退をする人に対して「仕事をしなくてよいから楽だね」「仕事が回ってきて迷惑だ」などと暴言を浴びせる場合などが挙げられます。出産後も仕事を続けようと考えていた女性が、マタハラを理由に会社を退職してしまうケースもあります。

⑤　パタニティハラスメント

　パタハラとも呼ばれ、働く男性が妻の出産や育児を理由に職場で受ける嫌がらせ行為のことです。出産をきっかけに育児休業を取得しようとする男性社員に心ない言葉を浴びせる行為や、育児休業や時短勤務を請求したことを理由として左遷、解雇などの扱いを受ける場合などがあります。我が国では男性の育児休業取得率が非常に低く、男性の育児参加のための職場環境が十分に整っていないことがパタハラ行為の背景とされています。

⑥　ジェンダーハラスメント

「性」を背景にしたハラスメントのうち、個人の能力や特性を認めず、男か女かという性別だけを理由として、給与や昇進の評価に差をつける場合や、「男だからこの程度の仕事はできて当たり前」「女は会議で発言するな」といった圧力を加える場合などのことです。キャリア志向の女性が増えるとともに、以前は女性中心だった看護師や保育士といった職業につく男性も多くなってきた昨今ですが、我が国ではまだ性別による格差が大きいのが現状です。

⑦　その他ハラスメント

前述したものの他、研究職で行われるアカデミックハラスメント、大学構内で行われるキャンパスハラスメント、医療従事者によるドクターハラスメントなどがあります。

■ ハラスメントの種類

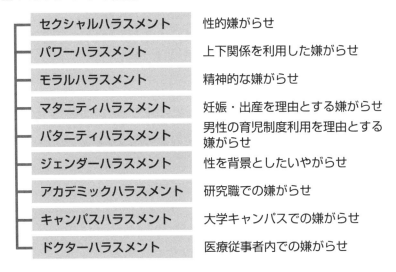

5 メンタルヘルスをめぐる法律にはどんなものがあるのか

労働者の心の健康を守るための規制

■■法律から指針までいろいろなものがある

メンタルヘルスをケアするための規定には、法律から指針までさまざまなものがあります。

まず、メンタルヘルスを守るための法律として挙げられるのが労働基準法です。労働基準法は、賃金・労働条件・有給休暇などについて定めた法律です。仮に、労働基準法に抵触するような労働契約を締結した場合、その部分は無効とされます（労働基準法13条）。

次に、労働安全衛生法が、労働者のメンタルヘルスを守るための法律として挙げられます。労働安全衛生法は、労働者の安全と健康を確保して快適な職場環境を作るための法律であり、労働者の健康や安全を守るために企業の経営者がなすべきことなどを定めています。労働者が安全で衛生的な環境で仕事ができれば、労働者の健康が守られることになるので、労働安全衛生法は労働者のメンタルヘルスと関わりのある法律だといえます。

また、労働者災害補償保険法（労災保険法）も、労働者のメンタルヘルスを守るための法律であるといえます。労働者災害補償保険法は、労働者が仕事上でケガを負った場合などに、労働者に対して必要な給付を行うための法律です。仕事上の事故で何かあった場合に確実に補償を受け取ることができる制度が確立されていれば、労働者は安心して業務に従事することができます。そのため、労働者災害補償保険法は、労働者のメンタルヘルスと関係のある法律だといえます。

また、労働者のメンタルヘルスを守るために、各省庁はさまざまなガイドラインを設定しています。

その中でも代表的なものが、厚生労働省が策定した「労働者の心の健康の保持増進のための指針」です。この指針は、労働者の受けるストレスが増大し、職場における労働者の心の健康を守ることの必要性が高まっていることを受けて作られました。職場のストレスは、労働者自身の努力だけでは取り除くことは困難であるので、事業者により積極的にメンタルヘルスを守るための措置を講じることが重要であるとされています。具体的には、労働者のメンタルヘルスについて衛生委員会で調査審議することや、メンタルヘルスケア（心の健康の保持増進のための措置するための方法などについて定められています。

　また、厚生労働者が作成した、「心の健康問題により休業した労働者の職場復帰支援の手引き」（平成21年3月改訂）も労働者のメンタルヘルスケアを目的とした指針です。この指針の中では、心の健康問題によって休業していた労働者が、円滑に職場に復帰できるように、事業者がなすべき措置について定めています。具体的には、労働者の休業中になすべきケアや、職場復帰後のフォローアップまで、労働者の状況に応じて段階的に事業者がどのようなことをすべきかについて示しています。

■ **メンタルヘルスをめぐるさまざまな法律・指針**

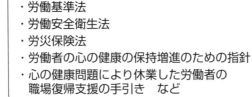
・労働基準法
・労働安全衛生法
・労災保険法
・労働者の心の健康の保持増進のための指針
・心の健康問題により休業した労働者の
　職場復帰支援の手引き　など

会社

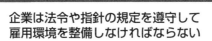
企業は法令や指針の規定を遵守して
雇用環境を整備しなければならない

労働者

第1章 ◆ 職場のメンタルヘルスをめぐる法律知識

6 労働基準法について知っておこう

労働者の労働条件を守るための法律

■■ どんな法律なのか

　労働基準法は、労働者が人間らしい生活を送るために、労働条件の最低条件を定めた法律です。労働時間、有給休暇、賃金、労働契約の内容などについての規定が置かれています。労働者は雇用者（使用者）に比べて弱い立場にあります。そのため、労働者と雇用者が自由な内容で雇用契約を締結できることにすると、労働者は雇用者の要求を呑んでしまうことになり、労働者にとって不当に不利な内容で労働契約を結んでしまう可能性が高くなります。そのため、賃金の額や労働時間など、労働条件の最低条件が労働基準法で規定されています。労働基準法で定められている労働条件より労働者にとって不利な労働契約が締結されたとしても、その部分の労働契約は無効になります。

■■ どんなことが義務づけられているのか

　労働基準法では、労働者を守るためにさまざまな事柄が雇用者に義務づけられています。

　まず、労働時間については、1週間につき40時間を超えて労働者を働かせてはならず、加えて1日8時間を超えて労働させることも禁止されています。もし、この時間を超えて労働者を労働させた場合には、雇用者は割増賃金を支払わなければいけません。

　また、労働者に支払う賃金は、最低賃金額を下回ってはならないことも定められています。具体的な最低賃金額については、最低賃金法により定められています。

　休日については、原則として労働者には週に1日以上の休日を与え

なければならないとされています。ただし、週に1日の休日が与えられていなくても、4週間で4日以上の休日を与えていれば、それでよいとされています。

解雇については厳格な規定が置かれています。労働者を解雇する場合には、原則として解雇の少なくとも30日前に解雇を予告しなければならず、この予告をしない場合には30日分以上の賃金を支払わなければなりません。また、そもそも解雇が許される場面は、労働契約法の規定や判例により相当に厳しく制限されています（解雇権濫用法理）。

有給休暇についても規定が置かれています。半年以上継続勤務して出勤率が8割以上の労働者に対しては、原則として10日の有給休暇を付与しなければなりません（継続勤務期間に応じて付与日数が増えます）。

このように、労働基準法は労働者の労働条件についてさまざまな規定を置いています。そして、労働基準法は労働者のメンタルヘルスとの関係があります。労働者は十分な賃金を受け取ることで充実した生活を送ることが可能になり、自身の健康を維持ができるようになります。また、労働時間が不当に長かったり、休日が与えられなかったりすれば、労働者は過労となり、心の健康状態も悪化していきます。労働基準法は、労働者のメンタルヘルスを良好な状態にするために必要な法律だといえます。

■ **解雇予告日と解雇予告手当**

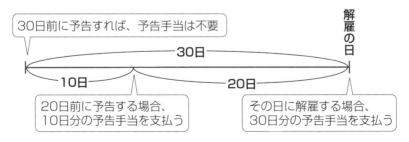

相 談 メンタルヘルス疾患と試用期間

Case 試用期間中のＡさんにメンタルヘルス疾患歴が判明しました。不採用を恐れ隠していたようですが、これを理由として試用期間満了後に雇用継続しない（本採用を拒否する）ことは可能ですか。

回 答 試用期間中の会社と労働者は「解約権留保付労働契約」を締結しています。解約権留保付労働契約とは、会社側に労働者との労働契約の解約権があることです。つまり、会社には、Ａさんに対する試用期間中における解雇や本採用の拒否権があります。

ただし、これらの権利行使は解雇に相当するので、無条件で行使することはできず、客観的で合理的な理由が必要です。もっとも、試用期間中にメンタルヘルス疾患歴が判明した場合、会社側が仕事を与えることにためらってしまうことも少なくなく、他の傷病とは異なり、明確な治療期間の見通しが立ちにくいことも事実です。

しかし、メンタルヘルス疾患歴が判明するまでの間にＡさんがまったく問題なく勤務していたのであれば、メンタルヘルス疾患による影響は受けていないことになります。そのため、この場合は、メンタルヘルス疾患に罹患している可能性があることを理由に、Ａさんについて本採用の拒否をすることは不合理であると判断されます。

そして、今回のケースでは、Ａさんがメンタルヘルス疾患歴を隠していたという「経歴詐称」の事実が、本採用の拒否の理由となるかが問題です。確かに、重大な事実を隠していたのであれば、本採用拒否の理由になります。しかし、Ａさんの働きぶりに問題がない場合は、メンタルヘルス疾患歴が影響しているとは考えられず、重大な事実を隠していたとは言い難いのが現状です。このような場合には、Ａさんがメンタルヘルス疾患歴を隠していたことを理由として、本採用の拒否をすることはできません。

7 労働安全衛生法について知っておこう

労働者が快適に職場で過ごせるようにする法律

■ どんな法律なのか

　労働安全衛生法は、職場における労働者の安全と健康を確保し、快適な職場環境を作ることを目的とした法律です。厚生労働大臣は労務災害を防止するための方策を講じなければならないこと、事業者は労働者の安全を確保するために、安全衛生を管理する責任者を選出しなければならないこと、などが定められています。

　労働安全衛生法は、労働者の安全と衛生を守るためにさまざまな役割を負ったスタッフを事業場に配置することを事業者に対して要求しています。ここでは、労働安全衛生法により配置が義務づけられているスタッフの種類を見ていきましょう。

　まず、総括安全衛生管理者です。常時100人以上の労働者がいる建設現場など、比較的大規模な事業場では総括安全衛生管理者を設置しなければなりません。総括安全衛生責任者には、工場長などその現場

■ 労働安全衛生法の全体像

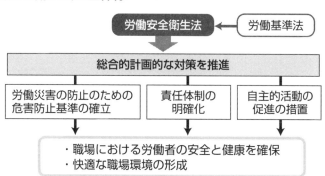

第1章 ◆ 職場のメンタルヘルスをめぐる法律知識　33

を管理している者を選任しなければなりません。次に、常時50人以上の労働者がいる事業場においては、産業医を選任することが義務づけられています。また、労働者の数が常時50人に満たないとしても、事業者は医師に労働者の健康管理を行わせるよう努めなければなりません。他にも、事業場における技術的な側面から労働者の安全を確保する役割を負っている安全管理者や、事業場における労働者の衛生面を管理する衛生管理者などの設置が義務づけられることもあります。

■■ 安全衛生推進者・衛生推進者

小規模事業場（10人以上50人未満）で、安全管理者や衛生管理者に代わるものとして選任が義務づけられています。

林業、鉱業、建設業などの安全管理者と衛生管理者の選任が義務づけられている業種の小規模事業場については、安全衛生推進者を選任します。一方、衛生管理者のみの選任が義務づけられている業種の小規模事業場については、衛生推進者を選任することになります。

■■ 安全委員会・衛生委員会と役割

安全委員会は、下図に記載した一定人数以上の労働者を常時雇用している業種の事業場では設置しなければならないことになっています。安全委員会の役割は、安全に関する事項について調査・審議を行った上で、事業者に対して意見を述べることです。

一方、衛生委員会は、衛生に関する事項について調査・審議を行い、事業者に意見を述べます。衛生委員会は、常時使用している労働者が50人以上の事業場においては、業種に関わりなく必ず設置しなければならないことになっています。このように、労働者の安全と衛生を守るために、労働安全衛生法はさまざまなスタッフや委員会を配置することを事業者に義務づけています。

■■ 事業者（会社）が講じるべき措置

　労働安全衛生法は、事業者が配置すべきスタッフの種類の他にも、事業者が講じるべき措置について定めています。

　まず、機械などの設備により、爆発・発火などの事態が生じたり、採石や荷役などの業務から危険が生じる可能性がある場合には、それを防止する措置を講じなければならないことを定めています（21条）。

　また、ガスや放射線、あるいは騒音などで労働者に健康障害が生じるおそれがある場合にも、事業者は労働者に健康障害が生じないような措置を講じなければならないとされています（22条）。

　さらに、建設業や造船業などで下請契約が締結された場合には、元請業者は下請業者に対して、労働安全衛生法や関係法令に違反することがないように指導しなければならないとされています（29条）。

　この他にも、事業者が講じなければならない措置として、さまざまなものが定められています。

■■ 労働者の就労にあたって

　労働安全衛生法は、事業者が労働者の生命や健康を守るために、労働者に対して教育を行わなければならないことも定めています。事業

■ 安全委員会を設置しなければならない事業場 ･････････････････

業　　種	従業員の規模
林業、鉱業、建設業、製造業（木材・木製品製造業、化学工業、鉄鋼業、金属製品製造業、運送用機械器具製造業）、運送業（道路貨物運送業、港湾運送業）、自動車整備業、機械修理業、清掃業	常時 50人以上
上記以外の製造業、上記以外の運送業、電気業、ガス業、熱供給業、水道業、通信業、各種商品卸売業、家具・建具・じゅう器等卸売業、家具・建具・じゅう器小売業、各種商品小売業、燃料小売業、旅館業、ゴルフ場業	常時 100人以上

第１章 ◆ 職場のメンタルヘルスをめぐる法律知識　　35

者が、新たに労働者を雇い入れたときや、労働者の作業内容を変更したときには、労働者に対して安全や衛生についての教育をすることが義務づけられています（59条）。

　また、現場において労働者を指導監督する者に対しては、労働者の配置や労働者に対する指導の方法などについて、安全や衛生の観点から教育をしなければならないとされています（60条）。

　安全衛生については、労働者自身が気をつけることも重要ですので、事業者は労働者を安全衛生の観点から教育する義務を負っています。

■■■ 労働者の健康保持のための検査

　労働安全衛生法は、労働者の健康を守るために、いくつかの検査を行うことを事業者に義務づけています。

　まず、人間に有害な物質を扱う作業場などでは、作業環境測定を行わなければなりません。作業環境測定とは、空気がどれだけ汚れているかなど、作業を行う環境について分析することです。有害な物質などを扱っている作業場においては、労働者の健康が害される可能性が高いので、作業環境測定を行うことが義務づけられています。また、事業者は、労働者に対して定期的に健康診断を実施しなければならないとともに、実施後の診断結果（異常の所見がある場合に限る）に対する事後措置について医師の意見を聞くことも義務づけられています。

　このような検査を経て、労働者の健康が害されるおそれがあると判明した場合には、事業者は何らかの対策を講じることになります。たとえば、作業環境測定により作業場が有害物質で汚染されて労働者に悪影響が生じる可能性がある場合には、新たな設備を導入することで有害物質の除去を図ることになります。また、健康診断により労働者の健康状態が悪化していることが判明した場合には、労働時間の短縮や作業内容の変更といったことを検討する必要があります。

　いずれにしろ、検査によって判明した問題に対して適切な措置を講

じることが重要になります。

■■ 快適な職場環境を形成するために

　事業者は、労働者が快適に労務に従事できるよう、職場環境を整えるよう努めなければなりません（71条の２）。

　具体的には、厚生労働省が公表している「事業者が講ずべき快適な職場環境の形成のための措置に関する指針」が参考になります。

　この指針の中では、労働環境を整えるために、空気環境、温熱条件、視環境、音環境を適切な状態にすることが望ましいとされています。また、労働者に過度な負荷のかかる方法での作業は避け、疲労を効果的に回復するために休憩所を設置すべきことも記載されています。そして、これらの措置を講じるにあたっては、労働者の意見を反映させ、継続的かつ計画的に取り組んでいくことが必要とされています。

　労働者にストレスが生じやすいという現代の状況を踏まえて、労働者が働きやすい環境を作ることが重要になっているといえます。

■ 労働安全衛生法で配置が義務づけられているスタッフ …………

総括安全衛生管理者	所定の人数（たとえば、建設業・運送業・清掃業などの業種では常時100人以上）の労働者がいる事業場ごとに選任
安全管理者	常時50人以上の労働者がいる建設業・運送業・清掃業・製造業・通信業などの業種で事業場ごとに選任
衛生管理者	業種を問わず、常時50人以上の労働者がいる事業場ごとに労働者数に応じて選任
安全衛生推進者	安全管理者と衛生管理者の両方の選任が要求されている業種で事業場の労働者が常時10〜50人未満の場合に選任
衛生推進者	衛生管理者のみの選任が要求されている業種で事業場の労働者が常時10〜50人未満の場合に選任
産業医	常時50人以上の労働者がいる事業場ごとに選任

第１章 ◆ 職場のメンタルヘルスをめぐる法律知識　37

8 安全配慮義務について知っておこう

雇用者は労働者の安全に配慮する必要がある

■■ 安全配慮義務とは

　会社などの雇用者（使用者）は、労働者が職場において安全に労務に従事できる環境を整備しなければならないという義務を負っています。これを安全配慮義務といいます。具体的には、労働契約法5条において、「使用者は、労働契約に伴い、労働者がその生命、身体等の安全を確保しつつ労働することができるよう、必要な配慮をするものとする」と定めることで、雇用者は労働者に対して安全配慮義務を負うことが明示されています。

■■ なぜ安全配慮義務が求められるのか

　雇用者が、労働環境の整備を怠ったことで、労働者にケガを負わせるなどの損害を生じさせた場合、雇用者は債務不履行責任（民法415条）や不法行為責任（民法709条）に基づき損害賠償責任を負います。しかし、これらの民法の規定に基づく損害賠償請求をする場合、どのような場面で雇用者が責任を負うのかということが必ずしも明確ではありません。

　そのため、労働者が雇用者に対して損害賠償請求をする場面で、安全配慮義務という考え方が用いられることになります。具体的に雇用者が労働者に対して負っている義務の内容が安全配慮義務という形で明確になることで、労働者は安全配慮義務違反を根拠として、雇用者に対して損害賠償請求がしやすくなります。

　このように、雇用者が安全配慮義務を負うことで、職場の環境が整備され、労働者は安心して労務に従事することができます。雇用者は

労働者を管理する立場にあるので、労働者の安全についても配慮すべきであると考えられているためです。

■■判例は雇用契約上の義務としている

安全配慮義務は、当初は判例の中で認められた義務でした。たとえば、昭和50年の最高裁判決（最高裁昭和50年2月25日判決）では、国は公務員に対して、給料を支払う義務の他に、公務の遂行にあたって公務員の生命や健康に配慮する義務を負っていると述べ、雇用者の安全配慮義務の存在を認めました。

また、この後には、民間の企業における労働契約関係においても、雇用者は労働者に対して安全配慮義務を負っていることを認めた最高裁判決（最高裁昭和59年4月10日判決）が出ています。また、直接労働契約を締結していなくても、下請企業の労働者が注文者（元請企業）の作業場で労務に従事する場合などは、注文者と下請企業の労働者との間に労働契約に準じる関係があるとして、下請企業の労働者に対して注文者は安全配慮義務を負うとした最高裁判決もあります（最高裁平成3年4月11日判決）。

このように、判例で安全配慮義務が認められてきたことを受けて、前述した労働契約法5条では、使用者が労働者に対して安全配慮義務を負うことを明確に認めています。

■■健康配慮義務とはどう違う

雇用者は、労働者に対して健康配慮義務を負っています。健康配慮義務とは、その名の通り、労働者の健康に配慮し、労働者が病気などを負うことがないような環境を作る義務のことをいいます。

この健康配慮義務は、前述した安全配慮義務とまったく異なるものではありません。安全配慮義務は、労働者の安全・生命・健康といった事柄について、全体的に雇用者が負うべき義務のことをいいますが、

第1章 ◆ 職場のメンタルヘルスをめぐる法律知識　39

健康配慮義務は労働者の健康を守ることに特化した義務だといえます。つまり、安全配慮義務のうちの一部が、健康配慮義務となっているのです。

■■ 健康管理義務とはどう違う

雇用者は、健康診断の実施等によって、労働者の健康を管理することを内容とする健康管理義務も負っています。

この健康管理義務も安全配慮義務や健康配慮義務と大きな違いがあるわけではありません。企業が健康管理義務に違反したような場合には、同時に、安全配慮義務や健康配慮義務に違反していることになる可能性が高くなります。

■ 安全配慮義務を果たすための会社側の対策

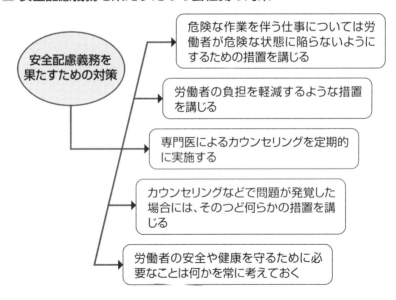

どんな場合に安全配慮義務違反となるのか

　どのような場合に雇用者の安全配慮義務違反が問われるかについては、さまざまなケースがあるので、一概に説明することはできません。以下では、判例をもとに、安全配慮義務違反があるとされたいくつかの事例について示します。

　まず、労働者が勤務中に自動車の運転を誤って同乗者を死亡させた事件では、雇用者には、車両の整備を十分に行う義務や、十分な運転技術を持つ者を自動車の運転手として指名する義務があったとされました（最高裁昭和58年5月27日判決）。

　また、宿直中の労働者が外部からの侵入者により殺傷された事件では、雇用者は、外部からの侵入者を防ぐための設備を施しておく義務があったとされました（最高裁昭和59年4月10日判決）。

　さらに、労働者が過労死した事件においては、雇用者は労働者の健康に配慮し、業務の内容を軽減・変更するなどして、労働者の負担を軽減するために適切な措置をとる義務があったとされました（東京高裁平成11年7月28日判決）。

　このように、安全配慮義務はさまざまな場面において問題となります。そのため、ケース・バイ・ケースでどのような安全配慮義務があるかについて考えていく必要があります。

予見可能性や結果回避可能性が必要

　安全配慮義務違反があるといえるためには、予見可能性と結果回避可能性があることが必要です。

　予見可能性とは、労働者の生命が危険にさらされたり、労働者の健康が悪化するであろうことを事前に予測することが可能であった状態のことをいいます。また、結果回避可能性とは、労働者の生命や健康に何らかの損害が生じることが予測できた場合に、それを回避する手段があったことをいいます。

第1章 ◆ 職場のメンタルヘルスをめぐる法律知識　41

たとえば、突如として職場に隕石が降ってきて、労働者がケガをしたとします。この場合、雇用者は安全配慮義務違反を問われることはありません。なぜなら、隕石が降ってくるなどということは予測することが不可能であり、隕石を回避する手段も通常は存在せず、予見可能性や結果回避可能性がないからです。

　法律は、雇用者に労働者の安全に配慮する義務があるとしていますが、不可能なことを要求してはいません。

■■ どのような対策を講じていくべきか

　前述したように、安全配慮義務を果たすためにどのような対策を講じていくかについては、さまざまな場面が想定できるためにケース・バイ・ケースで考えていく必要があります。

　たとえば、物理的な危険な作業を伴う仕事に従事する労働者に対しては、物理的に労働者が危険な状態に置かれることを防ぐような措置を講じることが必要になります。また、労働時間が長くなりすぎてしまい、労働者が過労死するような状況が生じているような場合には、その労働者の仕事を他の人に振り分けるなどして、労働者の負担を軽減するような措置を講じることが要求されます。

　労働者の健康のために普段から行うべきことは、専門医によるカウンセリングを定期的に実施することです。そのカウンセリングにより何か問題が発覚した場合には、そのつど何らかの措置を講じることを考えることになります。

　いずれにしろ、雇用者が果たすべき安全配慮義務の内容は状況に応じて変化していきます。雇用者としては、労働者の安全や健康を守るために必要なことは何かを常に考えておく必要があります。

相談 会社側の安全配慮義務

Case 心身の不調を訴える従業員がいますが、会社としては何も対応できていないのが現状です。会社にはメンタルヘルスに対する安全配慮義務があるのでしょうか。

回答 精神的に不健康な状態に陥ると、自殺などの危険の他、だるさ、寝坊などの身体的な症状が出て、仕事ができなくなることがあります。この場合、労働者本人の生活はもちろん、会社の業務や周囲の人にも少なからず影響を及ぼします。

会社（使用者）には、従業員の事故や過労死などを招かないよう、職場環境や労働条件などを整備する義務があります。それと同様に、労働者が労働によって精神的な疾患を発症することがないよう、メンタルヘルス対策を練り、安全に配慮する義務もあります。判例は、社員のメンタルヘルスを損なう原因になる、業務の遂行による心理的負荷等が、過度に蓄積することがないように、会社が労働者の業務内容を管理しなければならないとの判断を示しています。

具体的な安全配慮方法として、厚生労働省では「労働者の心の健康の保持増進のための指針」を策定し、心の健康を保持するための計画を立て、実施するよう示しています。

この指針による計画を実施する際には、メンタルヘルスケアに効果的とされる4つのケア（49ページ）が適切に実施されることが求められています。

具体的な実施方法としては、①それぞれの職務に応じてメンタルヘルスケアの推進に関する教育研修・情報提供を行うことや、②職場環境や勤務形態の把握と改善、③不調者を迅速に把握し、対応するためのネットワークづくり、④回復後の職場復帰などに対する支援体制づくりなどが挙げられています。

第1章 ◆ 職場のメンタルヘルスをめぐる法律知識　43

相談 息子の自殺と会社の責任

Case 息子が自殺しました。会社でのいじめが原因のようです。せめて会社の責任を追及したいのですが、認められるのでしょうか。

回答 会社が損害賠償責任を負うかどうか判断する際に考慮すべきことは、会社が従業員の就業環境について配慮していたかという点です。会社は、労働者が働きやすい環境を整える義務を負っています。いじめが行われている職場は働きやすい職場とはいえないので、労働者が働きやすい環境を整える義務の中には、職場でのいじめをなくす義務が含まれています。

たとえば、パワハラ相談窓口を設けていたような場合、会社はパワハラやいじめをなくして労働者が働きやすい環境を作ろうと努力していたと考えられます。ただし、パワハラ相談窓口は設置しているだけでは意味がなく、パワハラやいじめの相談を受けた場合には綿密な調査を行ってパワハラやいじめの撲滅のために行動する必要があります。

つまり、息子さんが会社でいじめを受け、パワハラ相談窓口に相談していたとしても、相談を受けた際に詳細な調査が行われず、その結果自殺を防ぐことができなかったのであれば、パワハラ相談窓口を設置していたことを理由に、会社が損害賠償責任を免れることはできないということです。

このようなケースの場合、まずは内容証明郵便などで会社側の責任を追及し、会社側が認めない場合は提訴することを検討すべきでしょう。会社を提訴するまでに至ってしまった場合でも、社内でのいじめがあったことを立証することは容易ではありません。そこで、証拠を残すために、実際にいじめやパワハラを受けている場面を、ICレコーダーや携帯電話等によって音声を記録しておいたり、送信されたメールを保存しておくなどの手段が有効です。

相 談 裁量労働と安全配慮義務の関係

Case 私の会社はIT関連企業で、裁量労働制を採用しています。残業が続いていたＡが職場で突然倒れました。原因は過労のようですが、この場合は会社側に責任はありますか。

••

回 答 実際の労働時間と関係なく、労使協定や労使委員会で定めた時間を労働したものとみなす制度のことを裁量労働制といいます。

　裁量労働制には、専門業務型裁量労働制と企画業務型裁量労働制の２種類がありますが、今回のケースでは、「情報処理システムの分析又は設計」の仕事について、裁量労働制を導入しているとのことであるため、専門業務型裁量労働制を導入していると考えられます。

　裁量労働制の場合は、労働者（従業員）が自身の労働時間を自身で決めることができます。そのため、労働者自身が労働時間を管理するとともに、自己の健康状態に配慮して働くことが必要とされています。もっとも裁量労働制では、タイムカードなどにより、会社が労働者の労働時間を把握するシステムを採っていないことが多いため、労働時間が過度に増加したために、労働者が倒れたとしても、労災として認定されるケースはまれであるという問題があります。

　しかし、だからといって会社の安全配慮義務がなくなるというわけではありません。労働基準法でも、裁量労働制を採用する場合にも、会社は労働者の健康を確保するために必要な措置を講じなければならないと定められています（労働基準法38条の３第１項４号）。

　Ａの場合は、最近は仕事が立て込んでおり、残業続きだったとのことですが、残業が続けば労働者に疲労が蓄積されていきます。そのため、会社としては、Ａの疲労を軽減させるために何らかの措置を講じるべきでした。

　たとえば、Ａがかかえている仕事を他の人に振り分ける、Ａが疲れ

第１章 ◆ 職場のメンタルヘルスをめぐる法律知識　45

を溜めないようにカウンセリングを行うなどの対処をとれば、Aが過労で倒れることもなかったでしょう。このようなことをしなかった会社には、Aに対する安全配慮義務違反があり、Aに対して損害賠償をする必要性が生じます。

ただし、裁量労働制を採用している場合は、労働時間を労働者自身が管理できるために、健康管理については労働者自身の責任が大きくなります。そのため、過労で倒れたことについては、Aにもそれなりの落ち度があるので、この点を考慮して会社のAに対する損害賠償額はある程度減額されることになります。

しかし、いずれにしても、会社が安全配慮義務違反を理由として損害賠償責任を負うことには変わりがありません。会社としては、労働者の健康に配慮するような体制を整備し、Aのように過労で倒れる労働者が出ることを防ぐべきでした。今後は、裁量労働制のもとで働いている労働者に対しても安全配慮義務を果たすよう、会社での体制づくりを進めることが重要です。

■ 専門業務型裁量労働制を導入する際に労使協定で定める事項……

1	対象業務の範囲
2	対象労働者の範囲
3	対象業務に従事する労働者について、1日のみなし労働時間数
4	対象業務の遂行方法、時間配分などについて、対象業務に従事する労働者に具体的な指示をしないこと
5	労使協定の有効期間（3年以内が望ましい）
6	対象業務に従事する労働者の労働時間の状況に応じた健康・福祉確保措置
7	苦情処理に関する措置
8	⑥と⑦の措置に関する労働者ごとの記録を有効期間中と当該有効期間満了後3年間保存すること

9 労働者災害補償保険について知っておこう

仕事中にケガをした場合などに所定の給付がある

■■ 労災保険の目的とは何か

公的保険は労働保険と社会保険に分けることができます。労働保険は労働者災害補償保険（労災保険）と雇用保険の2つの制度からなります。労働者が仕事中や通勤途中に発生した事故などによって負傷したり、病気にかかった場合に、治療費などの必要な給付を行うのが労災保険制度です。

労働基準法によれば、労働者を使用する者は、仕事中に労働者が負傷した場合などに補償を行うべきとされています。しかし、小さな事業者の場合、ちょっとした災害でも補償すべき金額が大きな負担になることも考えられます。そこで、労働者災害補償保険（労災保険と呼ぶことが多い）に加入することによって、労働者に災害が発生した場合に一定の給付（補償）を受けることができるようにしました。

労災保険でいう災害とは、仕事中に起きた災害と通勤途中で起きた災害のことです。災害の具体的内容としては、ケガや病気の他、ケガが治った後に残った後遺障害、死亡があります。

労災保険は政府（国）が保険者（保険を監督し、取り扱う者）となります。実務上は労働基準監督署などが事務処理を行っています。

■■ 労災保険の適用事業所について

労災保険は事業所ごとに適用されるのが原則です。つまり、本店（本社）の他に支店や工場などがある会社については、本店は本店だけで独自に労災保険に加入し、支店は支店で本店とは別に労災保険に加入することになります。ただ、支店や出張所などでは労働保険の事

第1章 ◆ 職場のメンタルヘルスをめぐる法律知識　47

務処理を行う者がいないなどの一定の理由がある場合は、本店で事務処理を一括して行うこともできます。

労災保険は労働者を1人でも使用する事業を強制的に適用事業とすることにしています。ただし、個人事業者が農林水産業などの一定の事業を行う場合は、労災保険の加入を任意とする暫定任意適用事業という扱いがなされています。労災保険については、届出があった時点ではなく、適用事業となった時点で保険関係が成立します。

そして、労災保険の届出は保険関係が成立した日から10日以内に行わなくてはいけません。適用事業となったにもかかわらず、故意または重大な過失により届出を怠っていた場合に、労災が生じて一定の給付（下図）が行われると、遡って保険料が徴収（追徴金も含む）されるだけでなく、給付に要した費用も徴収される点に注意が必要です。

■ 労災保険の給付内容

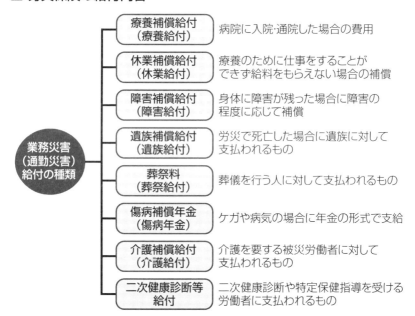

10 ガイドラインについて知っておこう

心の健康を守るための指針

■■ どんな内容なのか

　労働者のメンタルヘルスを守るために重要なガイドラインとなっているのは、厚生労働省が公表している「労働者の心の健康の保持増進のための指針」です。ここでは、この指針の内容について紹介します。

　この指針は、職場において雇用者が行うべきである労働者の心の健康を守るための措置について定めています。メンタルヘルスに対する基本的な考え方として、健康情報を含む労働者の個人情報に配慮することが必要であること、心の健康は労働環境と関係して生じているので人事労務管理と連携して問題の解決にあたること、職場だけでなく家庭においてストレスにさらされさまざまな要因が複合して労働者の心の健康問題を生じている可能性があること、などが示されています。

　「労働者の心の健康の保持増進のための指針」では、メンタルヘルスケアをするために、セルフケア、ラインによるケア、事業場内産業保健スタッフ等によるケア、事業場外資源によるケアという「4つのケア」が示されています。この指針では「4つのケア」を組み合わせて労働者の心の健康を守るべきことも示されています。

① セルフケア

　セルフケアとは、労働者自身がストレスや心の健康について理解し、自らのストレスを予防・軽減するというメンタルヘルスケアの方法のことをいいます。労働者自身がストレスに気づくためには、事業者がセルフケアについて労働者に対して研修を実施し、心の健康について労働者が理解する機会を与えることが重要になります。

② ラインによるケア

第1章 ◆ 職場のメンタルヘルスをめぐる法律知識　49

ラインによるケアとは、労働者と日常的に接する管理監督者などが、心の健康に関して職場の環境の改善したり労働者との相談に応じることで行うメンタルヘルスケアのことをいいます。労働者を管理し、監督する者（管理監督者）は、部下である労働者の状況を日常的に把握しており、個々の職場における具体的なストレス要因も把握しています。そのため、管理監督者は、職場環境などの改善を図ることができることができる立場にあるといえ、メンタルヘルスケアにおいて重要な役割を果たすことができると考えられています。ガイドラインによると、ラインによるケアで大切なのは、会社側が労働者の「いつもと違う」言動にいち早く気がつくことであると示されています。いつもと違う労働者の言動とは、たとえば、遅刻や早退・欠勤が増加したり、場合によっては無断欠勤があることも重要なサインといえるでしょう。また、仕事の能率が悪くなり、思考力・判断力が低下していると見受けられる労働者については、注意深く見守る必要があります。特に、労働者が明らかに不自然な言動を繰り返している場合には、深刻なメンタルヘルス疾患を抱えている可能性が高まりますので、早急な対応が必要になります。

③　事業場内産業保健スタッフ等によるケア

　事業場内産業保健スタッフ等によるケアとは、事業場内の産業医などが、職場の心の健康づくり対策の提言を行い、労働者を支援することで行うメンタルヘルスケアのことをいいます。産業医、衛生管理者、保健師、心の健康づくり専門スタッフ、人事労務管理スタッフらが連携して、労働者の教育研修を行ったり、職場の環境改善について雇用者に対して提言をすることで、労働者の心の健康を守ります。

　事業場内産業保健スタッフ等によるケアで、特に要求されるのが、具体的なメンタルヘルスケアを実施する上での企画立案です。メンタルヘルスケアを専門に担当する窓口を設置することも有効で、職場復帰に向けた支援を積極的に行っていくことが期待されています。もっ

とも、労働者のメンタルヘルスに関する事柄は、重大な個人情報といえますので、取扱いには慎重さが要求されます。

④　**事業場外資源によるケア**

　事業場外資源によるケアとは、外部の機関や専門家を活用し、その支援を受けることで行うメンタルヘルスケアのことをいいます。メンタルヘルスに関して外部の専門家の意見を聞くことは重要です。しかし、外部の専門家を頼りすぎることにより、雇用者自身による労働者のメンタルヘルスに対する配慮を怠ることがないよう注意する必要があります。また、事業場内産業保健スタッフ等によるケアと独立したケアを行うのではなく、連携したネットワークを形成することで、事業所の外部から適切な情報提供や助言を受け、メンタルヘルス疾患を抱えた労働者の職場復帰を弾力的に支える体制を整えることが重要です。

■ 労働者の心の健康の保持推進のための指針

労働者の心の健康の保持増進のための指針

衛生委員会などにおける調査審議
事業者が労働者の意見を聞きつつ事業場の実態に即した取り組みができるように心がける。
（社内での衛生委員会・労働者の話を聴く機会を活用し、調査審議を行う）

心の健康づくり計画を策定
聞き取り調査などを経て洗い出した現状や問題点を踏まえ、基本的な計画を策定する

計画の実施
メンタルヘルスケアに効果的とされる以下のケアを適切に実施する
①セルフ（自己）ケア
②ライン（管理職）によるケア
③事業場内産業保健スタッフ（産業医、保健師など）等によるケア
④事業場外資源（専門医など）によるケア

第1章 ◆ 職場のメンタルヘルスをめぐる法律知識　51

11 メンタルヘルスの個人情報の管理について知っておこう

労働者の個人情報にも配慮しなければならない

■■ 個人情報は個人情報保護法で保護されている

メンタルヘルスケアを行う際には、健康情報を含む労働者の個人情報の保護に配慮する必要があります。個人情報の保護に関しては、個人情報保護法で規制がなされているので、まずは個人情報保護法の内容を見ていきましょう。

個人情報保護法では、個人情報取扱事業者（営利・非営利を問わず、事業のために個人情報を取り扱う個人や法人など）は、本来の利用目的に限定して個人情報を利用しなければならないとされています（16条）。つまり、利用目的を明示して個人情報を入手したにもかかわらず、その情報を他の事業のために流用して用いることは許されません。

また、個人情報取扱事業者は、不正な手段による個人情報の取得が禁止される他、要配慮個人情報（病気や犯歴などに関する個人情報）については、法令に基づく場合等を除き、本人の同意を得ずに取得することが禁止されています（17条）。メンタルヘルス疾患に関する情報は要配慮個人情報に該当するため、このような情報を労働者から取得する際は、特に慎重に行わなければなりません。

さらに、個人情報を取り扱う場合には、その個人情報の内容が正確な状態を保つようにしなければなりません（19条）。不正確な情報を用いることで個人に不利益が生じないようにしています。

個人情報の安全管理措置も行う必要があります。個人情報取扱事業者は、個人情報の漏えいや滅失などを防止するため、必要かつ適切な措置を講じなければなりません（20条）。

また、個人情報取扱事業者には、自ら保有する個人情報の対象であ

る本人の求めに応じて、個人情報を開示したり、個人情報の訂正・削除などを行ったりすることが要求されています。

このように、個人情報保護法において、個人情報取扱事業者にはさまざまな義務が課せられています。メンタルヘルスに関する情報は個人情報（場合によっては要配慮個人情報）に該当するので、個人情報保護法に反することがないように常に注意をする必要があります。

■■ 情報を取得・開示する際に気をつけること

事業者による労働者の健康情報の取得・開示については、「労働者の心の健康の保持増進のための指針」の中でも触れられています。そこで、労働者の健康情報を取得・開示する際に気をつけることについて、この指針に沿って紹介していきます。

まず、メンタルヘルスケアを推進するに当たって、労働者の個人情報を取得する際には、事業者はこれらの情報を取得する目的を労働者に明らかにして承諾を得るとともに、これらの情報を労働者本人から提供してもらうことが望ましいとされています。

また、健康情報を含む労働者の個人情報を第三者へ提供する場合も、原則として本人の同意を得ることが要求されています。ただし、緊急に労働者の生命や健康の保護をする必要性がある場合には、本人の同意が得られなくても、労働者の健康情報を積極的に利用することが認められています。

さらに、メンタルヘルスケアにおいては、さまざまな角度から労働者の健康を守るためのアプローチをすることになります。そのため、労働者の健康情報に触れる者も多くなることが予想されます。個人情報保護の観点からは、労働者の健康情報を扱うことが許される者を、あらかじめ事業所内の規程で定めておくべきであるとされています。

第 1 章 ◆ 職場のメンタルヘルスをめぐる法律知識　53

■■ 個人情報の取扱いにおいて重要なこと

　メンタルヘルスに関する情報を取得・開示する際に重要なことは、労働者本人の同意を得ることです。個人情報は、基本的には本人が管理すべき情報なので、個人情報を用いる際には、用途に応じて逐一本人の同意を得ることが望ましいといえます。また、後の紛争を防ぐために、個人情報を用いることについての本人の同意は、口頭ではなく書面で得ておくのがよいでしょう。

　ただし、本人の生命や身体を守るために健康情報を用いる緊急の必要があり、しかも本人の同意を得ている余裕がない場合には、本人の同意がなくても個人情報を用いることができます（個人情報保護法16条3項、23条1項を参照）。本人の同意を得られないからといって健康情報を用いることができず、それが原因で本人が命を落としてしまえば元も子もないからです。

　しかし、本人の同意なしに個人情報を用いることができる場面は、人の生死に関わる場合などかなり限定されていると考えるべきです。本人の同意なしに個人情報を用いることが許されるかどうかは、専門家とよく話し合った上で判断することが望ましいといえます。

■ 個人情報の取扱いに関する義務

- ① 利用目的を特定しなければならない
- ② 利用目的に沿った項目のみを取得しなければならない
- ③ 取得に際しては利用目的を通知・公表しなければならない
- ④ 適正な手段によって取得しなければならない
- ⑤ 内容の正確性の確保に努めなければならない
- ⑥ 漏えい防止などの安全管理措置を講じなければならない

第２章
休職をめぐる法律知識

　本章では、休職制度のしくみについて解説しています。事業者側の観点からは、休職中の労働者の管理方法について、休職から復職する労働者への対応や、休職や復職を繰り返す労働者への対応方法について取り上げています。休職する労働者の観点からは、休職した場合の賃金の取扱いや、休職と他の休暇との関係などについてもとりあげています。

1 休職とはどのような制度なのかを知っておこう

使用者が行う一定期間の労働義務を免除する処分のことである

■■ 休職と休職期間中の取扱いについて

　一般に休職とは、労働者側の事由により、働くことができなくなった場合に、使用者が一定期間の労働義務を免除する処分をいいます。

　労働基準法に根拠があるわけではなく、各々の企業において労働協約や就業規則で定めるのが通常です。また、休職を認めるケースは様々で、①業務外の負傷・疾病で長期間休業する場合の私傷病休職、②私的な事故による事故休職、③刑事事件により起訴された場合に社会的信用の維持や懲戒処分が決定されるまでの起訴休職、④不正行為を働いた場合の懲戒休職、⑤他社への出向にともなう自社での不就労に対応する出向休職、⑥労働組合の役員に専念する場合の専従休職、⑦海外留学や議員など公職への就任に伴う自己都合休職などがあります。

　休職期間中の取扱いは、休職中も労働関係は解消されずに存続しているため、就業規則は原則として適用されることになります。

　もっとも、休職中は労務の提供はなく、休職事由も使用者に責任があるわけではありません。有給とするか無給とするか、休職期間を勤続年数に算入するかどうかは、個々の休職のケースや企業によって違ってきます。一般的には「ノーワーク・ノーペイの原則」によって休職期間中の賃金を無給とするケースが多いようです。休職を認める期間や復職に際しての条件、復職後の待遇などについては、休職者に交付する休職辞令（63ページ）に記載しておくのがよいでしょう。

　なお、私傷病休職の場合、本人には休業4日目より、健康保険から標準報酬月額の約6割の傷病手当金が支払われることになります。

　ここで注意しなければならないのは、傷病手当金（143ページ）と

会社から支給される賃金との兼ね合いです。

　私傷病休職中に会社が1日につき標準報酬日額の3分の2以上の賃金を支給した場合は、傷病手当金は不支給となります。また、会社が1日につき支払った賃金が標準報酬日額の3分の2に満たない場合には、差額が支給されることになります。つまり、休職している労働者に対して会社が支給する1日あたりの賃金が標準報酬日額の3分の2以下であれば、労働者本人が休職中に受け取る総額はほぼ変わらないことになる、ということは知っておくとよいでしょう。

■■ 休職の要件はどうなっているのか

　休職は、就業規則や労働協約などに基づいて、使用者が一方的意思

■ 労働者の事情による休職制度のまとめ ……………………………

休職制度		
	私傷病による休職	・労働者の病気やケガによる休職である ・労働者が業務ができないことにより直ちに解雇されることを防ぐ
	公務就任による休職	・労働者が議員になるなど公務に就任したことを原因とする休職 ・公務終了後は企業に復帰する
	起訴休職	・労働者が起訴されたことを原因とした休職 ・労働者が有罪判決を受けた場合にどうするかについても制度設計をしておく
	組合専従による休職	・労働者が組合活動をするための休職 ・目的は労働組合への便宜供与にある
	私事休職	・ボランティア活動などのための休職 ・労働者の福利厚生を図る
	出向による休職	・他社に出向するための休職 ・出向終了後は自社に復帰する

第2章 ◆ 休職をめぐる法律知識　　57

表示により発令するのが一般的です。どのような場合に休職を発令できるかは、個々の企業によって異なります。

　本書で掲載した規程例（次ページ）では、休職が認められるケースの1つとして、「従業員の私傷病を原因とする欠勤が1か月に及んだとき」と規定していますが（次ページの第2条参照）、欠勤期間を1か月ではなく、「3か月」や「6か月」とすることも可能です。

　なお、56ページで述べた通り、休職中の労働者の賃金については無給としても問題ありませんが、会社は、休職中であっても、休職している労働者の社会保険料については負担しなければなりません。保険料額も休職前の標準報酬月額に基づいて支払わなくてはならず、会社にとって負担となることも事実です。休職期間や休職の要件を決めるにあたって、社会保険料の負担を考慮しておく必要があります。

■■ 休職後の取扱いについて

　休職期間中に休職事由がなくなれば、休職は終了して復職（職場復帰）となります。また、休職期間が満了したときも復職となります。いずれの場合も会社は理由なく復職を拒むことはできません。この場合、たとえば「会社が指定した医師の診断を受ける必要がある」という内容の規定を就業規則に明記し、その診断書を参考に会社が復職の判断をすることは認められます。復職をめぐっては労使間のトラブルが多いので、休職事由消滅の際の取扱い、休職期間満了後の取扱い（復職手続き、休職期間の延長、退職、解雇など）については、就業規則や私傷病休職取扱規程などで明確にしておくことが望ましいといえます。

　最近では、特に、精神疾患者の私傷病休職を考慮した取扱規程が必要になってきています。同一または類似傷病については、休職の利用は1回限りにすることなどの制限をつけることも考えられます。また、復職を支援するプログラムを整備する会社などもあります。

書式　私傷病休職取扱規程

私傷病休職取扱規程

第1条（目　的）　本規程は、「就業規則」第○条（休職）のうち、私傷病により休職しようとする従業員につき、休職が認められる要件ならびに手続上の遵守事項等につき必要な事項を定めるものである。

2　本規程に定めのない事項につき個別の雇用契約に定めがある場合には、その定めるところによる。

第2条（本規程の適用範囲）　本規程の適用対象は、私傷病を原因とする欠勤が1か月に及び、休職を必要とする従業員（ただし、本採用された者に限る）とする。

第3条（休職者）　従業員が業務外の傷病により欠勤し、1週間を経過しても治らない場合、会社は従業員からの申請に基づき休職を命じることができる。ただし、本規程第6条（休職期間）に定める休職期間中に治癒（回復）の見込みがないと認める場合、会社は休職を命じないことがある。

第4条（休職の要否判断）　会社は前条における休職の要否を判断するにあたり、従業員からその健康状態を記した診断書の提出を受ける他、会社の指定する産業医もしくは専門医の意見を聴き、これらの意見に基づき要否の判断を行うものとする。

2　休職制度の適用を希望する者は、前項の判断を行うにあたり会社が必要と認める場合、会社に対して主治医宛の医療情報開示同意書を提出するものとする。

第5条（休職発令時の調査）　従業員は、会社が前条の検討を行う目的で、その主治医、家族等の関係者から必要な意見聴取等を行おうとする場合には、会社がこれらの者と連絡をとることに同意

する等、必要な協力をしなければならない。

2　従業員が、前項で定める必要な協力に応じない場合、会社は休職を発令しない。

第６条（休職期間）　会社が本規程に基づき従業員を休職させる場合、休職期間は以下の通りとする。

勤続年数が３年未満	無し
勤続年数が３年以上10年未満	３か月
勤続年数が10年以上	６か月

2　同一事由による休職の中断期間が３か月未満の場合は前後の休職期間を通算し、連続しているものとみなす。また、症状再発の場合は、再発後の期間を休職期間に通算する。休職期間が満了しても休職事由が消滅しない場合には、休職期間が満了する日の翌日をもって退職とする。

第７条（休職期間中の待遇、報告義務等）　休職期間中の賃金は無給とする。

2　本規程に基づき休職する従業員は、休職期間中主治医の診断に従い療養回復に努めるとともに、原則として毎月、治癒の状況、休職の必要性等について、これを証する診断書等を添えて会社に報告しなければならない。

3　診断書作成費用等は、会社による別段の指示がない限り、従業員本人の負担とする。本規程第３条（休職者）の休職申請ならびに次条以降の復職申請においても同様とする。

第８条（復　職）　会社は休職中の従業員の申請に基づき、休職事由が消滅したと認められた場合には、当該従業員を旧職務に復帰させることとする。ただし、やむを得ない事情がある場合には、旧職務と異なる職務に配置することがある。

2　復職後の職務内容、労働条件その他待遇等に関しては、休職の直前を基準とする。ただし、回復の状態により、復職時に休職前

と同程度の質・量・密度の業務に服することが不可能で、業務の軽減等の措置をとる場合には、その状況に応じた降格・賃金の減額等の調整をなすことがある。

第9条（復職申請と調査）　本制度により休職した従業員が復職しようとする場合、所定の復職申請書と医師の診断書を提出しなければならない。

2　前項に基づく復職申請があった場合、会社は復職の可否を判断するため、必要に応じ、従業員に対し主治医宛の医療情報開示同意書の提出を求め、または会社の指定する医療機関での受診を命じることができる。

第10条（復職の判定）　会社は前条の調査により得られた情報をもとに専門医から意見を聴き、復職の可否および復職時の業務軽減措置等の要否・内容について決定するものとする。

第11条（欠勤期間の中断）　欠勤中の従業員が出勤を開始する場合、連続6勤務日以上の正常勤務（正常勤務とは1日の勤務時間が7時間以上をいう）をしない場合は欠勤期間は中断されないものとし、正常出勤期間を除き前後を通算する。

第12条（リハビリ出勤制度）　会社は、指定する医師の判断により休職中の従業員に対しリハビリ勤務を認めることが復職可否の判断に有益と認められる場合、休職者の申請に基づき、リハビリ出勤を認めることがある。

2　前項のリハビリ出勤は、復職可否の判定のために上記医師の指示の下に試行されるものとし、休職期間に通算する。

第13条（リハビリ出勤中の賃金等）　前条に定めるリハビリ出勤中の賃金については、休職前の賃金によらず、その就労実態に応じて無給ないし時間給とし、その都度会社の定めるところによる。

第14条（復職後の再発等）　休職後に復職した従業員について、復職後3か月以内に同一ないし類似の疾病による欠勤が1か月以上

第2章 ◆ 休職をめぐる法律知識　61

継続した場合、または欠勤を繰り返すなどして勤務に堪えないと判断される場合、会社はその従業員に対し休職を命じることができる。その場合における休職期間は残日数（ただし、残日数が30日に満たないときは30日）とする。

第15条（復職後の責務等） 復職した従業員は、職場復帰後も、健康回復の状態、仕事の状況、職場の人間関係等について、所属長、健康管理スタッフ等に必要な報告を怠ってはならない。

2 復職した従業員は、復職後も治療を続ける場合は、服薬等について主治医の指示に従い、回復に努めるものとする。

附　　則

1　この規程は、平成30年10月1日に制定し、同日実施する。
2　この規程を制定・改廃する場合は、従業員の過半数代表者の意見を聴いて行う。

（制定・改廃記録）
制定　　平成30年10月1日

書式　休職辞令

休職辞令

平成〇年〇月〇日

〇〇部〇〇課

〇〇〇〇殿

　上記の者　就業規則第〇条に基づいて休職を命ずる。条件は下記の通りとする。

記

1　休職の期間　　（自）平成〇年〇月〇日
　　　　　　　　　（至）平成〇年〇月〇日
2　給与　　　　　就業規則休職規程による。
3　復職　　　　　休職事由解消の際には、期間の満了を待たずに復職を求めることがある。
　　　　　　　　　また、期間満了に至っても休職事由が解消されない等の事情がある場合は期間を延長することがある。

以上

株式会社〇〇〇〇
代表取締役社長〇〇〇〇　㊞

第2章 ◆ 休職をめぐる法律知識　63

相 談　休職中の賃金

Case　病気やケガにより、会社を休職しなければならなくなった場合に、休職期間中の給与を支払ってもらえる場合があるのでしょうか。

回 答　休職中の労働者の場合、当然ながら労務の提供はありません。また、休職の事由が労働者側の事情による場合は、会社が労働者の休職について責任を負う必要はありません。したがって、一般的にはノーワーク・ノーペイの原則に基づき、休職期間中の賃金を無給とするケースが多くあります。

また、休職中の労働者に手当を支給するかどうかについては、会社側で自由に決めることができます。さらに、休職期間を勤続年数に算入するかなどの対応についても、個々の休職のケースや企業によって異なります。たとえば、退職金の額は勤続年数に応じて変化しますが、休職期間を勤続年数に算入するかは会社側で決めることができます。

さらに、休職期間中の給与や賞与に関する規定が労働協約や就業規則で明確に定められていない場合、他の規定や過去の慣例を基に休職についての規定を解釈して、給与や賞与の取扱いを判断することになります。

たとえば、労働者が欠勤した際の給与の取扱いについての規定がある場合、他の規定との整合性が考慮されます。また、休職した労働者に給与を支払われていた事実の有無などの過去の慣例も、1つの判断基準になります。もっとも、一部の大企業などにおいては、休職中も労働者に対して賃金を支払うと定めている会社が少なからずあります。しかし、労働者が休職中も、労働契約自体は解消されたわけではありませんので、その労働者についての社会保険料（健康保険など）を会社は負担しなければならないため、休職中の給与支払を会社に強制することはできません。

64

相談　私傷病休職の取得上の注意点

Cace　私傷病休職の取得を検討しているのですが、どんなことに注意すればよいでしょうか。

回答　私傷病休職とは、業務外の事情による病気やケガによって労働者が働けなくなった際に一定期間休職することです。

　私傷病休職制度の目的は、労働者に傷病の治療の機会を与え、労働者が職を失わないようにするという点にあります。まずは、以下のようなポイントについて、確認するとよいでしょう。

① 　休職制度の対象者が正社員に限られているか

② 　１年以上など、継続して勤務している者に限られているか

③ 　休職期間中の賃金は支払われないか

④ 　休職期間は、賞与や退職金の算定期間の対象とされないか

⑤ 　休職後再発した場合、休職日数は通算されるか

　⑤で記載した休職期間の通算とは、「最初の休職→職場復帰→二度目の休職」という流れで労働者が休職した際に、最初の休職と二度目の休職を合算することをいいます（次ページ図参照）。「休職期間は１か月とする」という規定になっている場合、最初の休職と二度目の休職を合算しなければ、労働者は合計２か月間休職できることになります。そのような取得によって休職期間があまりに長期となるのを防ぐため、同一の休職事由による休職については、複数の休職期間を合算することが定められているケースが多いようです（60ページの第６条第２項を参照）。

　また、私傷病休職を取得する際には、「復職の際に医師の診断書が必要である」「復職の可否については最終的には会社が判断する」など、復職するための条件も知っておく必要があります。

　さらに、会社が私傷病休職を認めて休職辞令を発したため、労働者

第２章 ◆ 休職をめぐる法律知識　　65

が休職する場合における休職期間の取扱いについても把握することが必要です。主として私傷病休職、退職金、年次有給休暇に関する取扱いが会社ごとに異なります。

●私傷病休職

私傷病休職を認める期間は勤続期間に応じて決まるのが一般的です（60ページの第6条第1項を参照）。勤続期間を確定する際に休職期間を含めて計算するかどうかは、会社が自由に決めることができます。会社の在籍期間が同じ労働者であっても、休職期間の有無によって、私傷病休職が認められる期間が変わる場合があります。

●退職金

退職金は、労働者の勤続期間に応じて金額が決まります。退職金の算定基礎になる勤続期間に休職期間を含めるかどうかも、会社が自由に決めることができます。通常は、退職金算定の基礎となる勤続期間に休職期間は含まれません。

●年次有給休暇

年次有給休暇は、算定対象となる継続勤務期間の8割以上の日数分を出勤することで発生します。私傷病休職による休職期間は、継続勤務期間には含まれますが、出勤日数には含まれません。そのため、休職期間が長期化して継続勤務期間の8割以上の日数分出勤できなければ、年次有給休暇は発生しないことになります。

■ 前の休職と後の休職の通算

「同一の休職事由による休職期間は1か月とする」と規定する場合

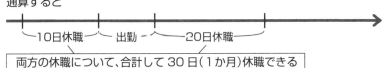

相 談　休職期間と有給休暇

Case　メンタルヘルス疾患が原因で会社を休職している期間につい
て、有給休暇（年休）を取得して給与の支払いを請求することは可能
でしょうか。また、休職期間中に新たに有給休暇を取得することは可
能なのでしょうか。

回 答　休職と有給休暇では、趣旨は異なりますが、「仕事を休む」
という点では共通した制度です。休職と有給休暇が重なる場合（休職
期間中に有給休暇を取得・行使できるか、あるいは休職期間満了後に
有給休暇を行使できるかという問題）について考えてみましょう。

　この問題には、以下のような行政通達が出されています。

　「休職発令により従来配属されていた所属を離れ、以後は単に会社
に籍があるにとどまり、会社に対してまったく労働の義務を免除され
たこととなる場合において、休職発令された者が年次有給休暇を請求
したときは、労働義務がない日について年次有給休暇を請求する余地
のないことから、これらの休職者は、年次有給休暇請求権を行使でき
ない」（昭31.2.13基収第489号）。

　つまり、有給休暇は、労働義務のある日に取得する休暇であるため、
労働義務のない休職期間中に取得できるものではありません。

　「年休を先に取得し、その後休職期間に入る」あるいは「先に休職
期間を設け、期間経過後にさらに年休を取得する」といった取扱いで
あればかまいませんが、休職期間中に労働者が年休の取得を請求して
きても、会社は認める必要はないといえます。なお、有給休暇は前年
度の出勤日数に応じて付与されるため、当初は有給休暇として休んで
いた労働者が、有給休暇期間を超えて休職に入った場合は、8割以上
の出勤率を満たせず、翌年度は年次有給休暇の取得が困難になります。

第2章 ◆ 休職をめぐる法律知識　**67**

2 休職をめぐるさまざまな問題について知っておこう

休職期間満了による退職は規定の明文化が大切

■■ 休職期間を満了するとどうなる

　休職は労働基準法には特別な定めはなく、一般的に就業規則で定められます。休職事由やその期間も会社が任意に定めることができます。ほとんどの場合、休職事由に応じた休職期間が設定されますので、休職期間満了と同時に復職することになります。しかし、休職事由が私傷病（労災とならない病気や負傷）の場合は、その治療期間が病状によりまちまちです。場合によっては治癒しないまま休職期間が満了してしまうことがあります。休職期間の満了時に休職事由が消滅していない場合の取扱いも、就業規則で定めることになりますが、一般的な運用では自然退職や解雇ということになります。確かに、労働者の長期の休職は、使用者にとっても業務的・経済的にも大きな負担になります。特に復職が期待できない場合には、新しい人員を雇用するという判断も考えられるところです。しかし、休職者を退職させるには、その判断には合理性が必要です。復職が可能であるにもかかわらず、故意や過失により、退職させてしまうと、退職が無効であると同時に、使用者に損害賠償義務が発生するおそれもあるため注意が必要です。

　この場合で気をつけなければならないのは、解雇として扱うときです。労働基準法では、労働者を解雇する際、労働者の帰責事由による解雇（懲戒解雇など）の場合などを除いて、30日前に予告するか30日分の予告手当を支払わなければならないからです。休職期間満了で復帰できないからといって懲戒解雇にはできませんので、解雇とする場合は通常の解雇の手続きによることになります。

　一方、自然退職の場合は、就業規則にきちんと規定しておけばトラ

ブルは避けられるでしょう。書式例としては、「休職期間満了時まで
に復職できないときは自然退職とする」といった規定となります。つ
まり定年到達と同じように、期日の到来により労働契約が終了します。

　休職は、労働者の健康管理の観点から発生した制度なので、会社に
とって、また、労働者にとってどのようなしくみが最適なのかを検討
することが重要といえるでしょう。

■■ 休職期間中に定年を迎えるとどうなる

　定年は就業規則に定めることで、その年齢に達した時に労働契約が
終了します。ただし注意したいのが、会社に対応を委ねられている再
雇用や継続雇用の制度です。「高年齢者等の雇用の安定等に関する法
律」により、定年を定める場合は60歳以上とすることが義務付けられ
ている他、高年齢者雇用確保措置（65歳以上までの再雇用や継続雇用
など）が求められています。定年自体を65歳以上に設定する会社もあ
りますが、多くの会社は60歳定年のまま、再雇用または継続雇用の制
度を導入しています。その場合に、休職期間中に定年を迎えた労働者
を再雇用または継続雇用するかが問題となります。

　近年の法改正で、再雇用や継続雇用は原則として希望者全員が対象
となりました。ただし経過措置として、平成25年（2013年）3月31日
までに継続雇用の対象者の選定基準を労使協定で定めていた場合には、
平成37年（2025年）3月31日までに限り、選定基準に該当しない労働
者を継続雇用しないことができます。

　しかし、労使協定の定めがない場合であっても、心身の状態や勤務
態度が著しく悪いために労働者としての職責を果たせないなど、就業
規則で定める解雇事由や退職事由に該当する場合であれば、例外的に
継続雇用しないことができるとするのが厚生労働省の見解です。した
がって、就業規則で解雇条項や退職条項を定めておくことで、休職期
間中の労働者の継続雇用を断ることが可能となります。

第2章 ◆ 休職をめぐる法律知識　　**69**

相 談 職場復帰と退職勧奨

Case 休職中だった社員が休職期間満了を迎えます。本人は復帰を
望んでいますが、会社としては退職してもらいたいと考えています。
どのように対応すればよいのでしょうか。また、休職期間満了時に、
医師が復職不可能であるとの判断を下したことは何らかの影響を与え
るでしょうか。

回 答 このケースは、もともと病気がちだった社員に、できれば休
職期間が終わったら退職してもらいたい、という程度の意識であると
思われます。ただ、本人が復職したいと願っているため、それを無視
して「休職期間が満了となったから退職してください」というわけに
はいきません。

　そこで、まず就業規則の休職規定に退職扱いとする場合の条件をど
のように定めているか確認します。「復職できない場合」などの具体
的な文言が入っている場合は、その社員が復職できない状況であるか
どうかが焦点となります。そこで、「復職できる状況であることを確
認したい」と伝えた上で、会社の産業医など、業務内容を把握してい
る医師の診断を受けてもらった上で診断書を出してもらいます。その
際、社員とともに医師のもとに出向いて業務内容を具体的に説明し、
その社員が復職できる状態にあるかどうかを判断してもらうようにし
ましょう。医師の診断を受けることについては社員本人にきちんと説
明し、書面で承諾書をとっておくようにしましょう。そして、医師の
診断の結果、復職できない状況であることが判明した場合には、退職
を促すことができます。

　なお、就業規則等において、休職期間満了時に休職事由が消滅しな
かったことを「自動退職事由」に定めている場合は、労働契約の終了
ですので、解雇にはあたりません。この場合、医師の診断書等を含め

て、会社が復職不可能と判断した客観的な書類を示すことが重要です。

● いったん復職後に退職勧奨が行える場合もある

　休職中の社員が復職できると判断された場合、具体的にどの業務に復職するかを決定し、様子を見ます。復職してもまたすぐに欠勤を繰り返すような状況となった場合には、労働時間の変更や職種変更などを提案し、本人の同意を得た上でその社員に見合う仕事を与えるようにします。それでも任せられる仕事がない場合には、そのことを説明し、元々の雇用契約上課されている義務を果たせない以上は辞めてもらうしかないことを伝えます（退職勧奨を行います）。

　なお、就業規則に、「休職期間が満了したら退職となる」といった抽象的な規定しかない場合に退職勧奨を行い無理やり辞めさせたりすると、後日トラブルが生じかねません。この場合は、医師の意見を求めて復職できる状況にあるかどうかを確認するというステップを踏むようにしましょう。また、そもそも休職期間が満了したら退職となる旨の規定がない場合には、休職期間が満了したことを理由として退職させる手法は使えません。通常の退職勧奨と同様に、本人が同意しやすい状況と証拠を積み重ねた上で、十分な労務の提供を受けていないこと、つまり社員自身が会社と締結している雇用契約上の義務を果たしていないことを伝えて、本人も納得の上で辞めてもらうように対応する必要があります。

■ **休職期間満了後の社員に対する対応**

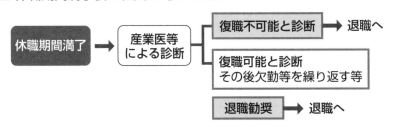

第2章 ◆ 休職をめぐる法律知識　71

相談 休職期間満了後の退職

Case 比較的長期間に渡ってメンタルヘルス疾患で会社を休職していましたが、休職期間満了の時期が迫り、自分としては復職を希望しています。しかし会社から「休職期間満了後に退職してもらえないか」と申し込まれたのですが、応じなければならないのでしょうか。

回答 まず、就業規則上の休職についての規定から、退職扱いとする場合の条件をどのように定めているかを確認します。「復職できない場合」などの具体的な文言が入っている場合は、休職中の労働者が復職できない状況であるかどうかが焦点になります。

就業規則などで、「復職できない場合」について定めている場合、会社から会社の契約する産業医の診断を求められることがあります。診断により復職できると判断された場合には、どの業務に復職するかを決定し、復職のタイミングを判断していきます。逆に、診断により復職できない状況であることが判明した場合には、本意ではないかもしれませんが、退職するという方向で調整することになります。この問題で難しいのは、病気等が治癒したといえるかどうかです。原則としては休職前の業務を普通に行える程度までの回復を治癒と呼びますが、他の軽作業からはじめて徐々に休職前の業務に復帰可能な見通しが立っていれば、治癒したと判断することも可能です。

なお、就業規則の休職規定に休職期間が満了しても退職となる旨の規定がない場合には、休職期間が満了したことを理由として退職させるということはできません。

このような場合、会社から退職勧奨を促される可能性がありますが、個人的な言い分がある場合には伝えるようにしましょう。結果的に退職に応じることになるかもしれませんが、納得の上で退職できるように話し合いを重ねていくことが重要になります。

3 休職と復職を繰り返す社員にはどのように対処すればよいのか

まず原因を分析して社員の処遇などを考える

どんな対応策を考えるべきなのか

　通常、健康に問題もなく欠勤が多い場合には、懲戒の問題となり、就業規則の規定に沿って制裁をします。ところが、体調不良で休職をして復帰した後に再度休職を繰り返すケースもあります。

　このような場合、実質的に無期限の休職ができるとすると、会社の労務管理上も不都合であるため、就業規則に前後の休職期間を通算して、所定の休職期間が満了となったときに自然退職とする旨を規定しておくのがよいでしょう。

　休職と復職を繰り返しているようなケースについては、まず、休職を繰り返す原因を分析しなければなりません。ストレスの原因が仕事にある場合は、完治しないまま復職すると多くの場合にまた再発してしまいます。このような場合は、症状の悪化を防ぐため、きちんと治癒するまで休ませることが大切です。その治癒するまでの期間を休職とするか、自然退職とするかを就業規則に規定しておくことも必要です。

　また、復職の際に気をつけなければならないことがあります。休職者は主治医に依頼して「職場復帰可能」という診断書を書いてもらい、職場復帰を主張します。

　しかし、主治医は休職者がどんな職場で、どんな仕事をしていたかを理解せずに診断書を書いていることがほとんどです。したがって、主治医の診断書だけをもって復職を決定するのはとても危険です。診断書は参考にするとしても、会社の契約する産業医を交えて検討し、最終的には会社が復職の可否を判断します。

第２章 ◆ 休職をめぐる法律知識　73

■■ 配置転換や作業の軽減について

　うつ病再発の理由のひとつに、その発症の原因が職場の環境にある場合、元の職場に戻すことや、以前と同じように負荷のかかる仕事をさせることが問題とされることがあります。このような場合は、配置転換をしたり作業を軽減して、発症の原因を排除することが必要になります。会社の環境が許されるのであれば積極的に検討すべき方法です。その場合、周囲の社員との関係も考慮しなければなりません。

■■ 解雇について

　私傷病を理由とする休職を繰り返す社員に解雇という形で対処することも時には検討せざるを得ないでしょう。もちろん解雇ができる旨を就業規則に規定しなければなりません。問題は、解雇の可否と手続きです。うつ病の場合、仕事が原因であることが多く、業務上の疾病（180ページ）と認定される件数も増加傾向にあります。業務上の疾病と認定された場合は、休業期間中とその30日後までは解雇できません。一方、私傷病である（業務上の疾病ではない）としても、懲戒解雇にはできないので、解雇予告や解雇予告手当が必要になります。解雇した後に解雇無効の申立てをされることもありますので注意が必要です。

■■ 最悪のことも考慮に入れてできるだけのサポートはする

　うつ病の場合、本人は相当の不安の中で生活し、療養しています。特にうつ病となり休職し、働けないことで大きな不安を抱えています。まずは収入の問題です。傷病手当金などが支給されても、それは従来の給与より少額となりますので、経済的負担は小さくありません。また、本当に復帰できるのか、また働けるようになるのかという不安を抱え、自己否定までするケースもあります。

　休職者の不安を少しでも取り除くように情報を提供し、復職に希望を持てるようにすることが大切です。

4 休職命令など不利益処分の 出し方はどうする

体調不良の社員に休職命令できるようにしておく

■■ どんな場合に休職命令を出すのか

休職はほとんどの場合、労働者本人からの請求に基づくことになりますが、客観的に就業できない状況にもかかわらず、本人に休職する意思がないときは、会社が命令で休職させることがあります。ただし、休職命令は不利益処分になりますので、十分な注意が必要です。

一般的な傷病では休職命令が問題となることはあまりなく、「うつ病」などメンタルヘルス不全による場合が多いようです。

会社が休職命令を出して休職させるためには、まず就業規則に規定する必要があります。伝染性の病気の場合、労働安全衛生法を根拠に休ませることはできますが、それ以外の場合、就業規則に規定がないと会社に安全配慮義務や健康管理義務があるとはいえ、本人の意思に反して休ませることは難しくなります。

休職の必要の有無については、本人が医師の診察を受けていたとしても、都合の悪い情報（この場合では「休養が必要」など）は会社に提出しない可能性があるため、会社が契約する産業医の面談を受けてもらい、産業医の意見を基にして休職の命令を出すようにしましょう。

■■ 休職中の社員に対して減給や降格はできるのか

体調が思わしくなく、本来は休職してもよいくらいの状況で、本人が休職を希望せず、また会社命令で休職させることも難しいとなった場合、会社の対応が問われることになります。

たとえば、毎年の給与改定において、減給や降格の処分をすることが考えられますが、体調を考慮し業務を軽減したという事実だけでは

第2章 ◆ 休職をめぐる法律知識　75

減給や降格は難しいでしょう。もし勤務時間を短縮するような状況であれば、勤務していない部分については給与を支払わなくてもよいのですが、勤務している部分については今までどおりに支払う必要があります。職務内容が大幅に軽減され、他の社員とのバランスを欠くようなときは、本人と相談し、真に納得した状況下での同意を求める必要があります。その時期としては、やはり就業規則に記載された規定に従うことになります。

■■ 減給はどの程度できるのか

　実際に減給をするとして、どの程度減給できるのでしょうか。給与は職務とのバランスを考慮して設定されるものなので、配置転換などによって職務が大幅に軽減されたり、職務遂行能力が大幅に低下したりしている場合は、その職務あるいは能力に見合った給与が設定されば問題がないように思われがちですが、急激に給与が下がると労働者の生活を維持することができません。法律による明確な規定はありませんが、無制限というわけにはいかないと思われます。

　たとえば、離職証明書を提出するハローワークでは、退職理由が「自己都合退職」としている場合でも、その原因が「賃金が従前の85％未満に低下」したことによる場合は会社都合の退職と同様に扱っています。このことから、15％というのが減給限度額の一つの目安になります。

■■ 降格の種類と注意点

　降格には、「職制上の降格」と「職能資格制度上の降格」があります。「職制上」とは役職をさします。役職の変動、つまり課長になったり部長になったり、と上位職に向かって変動するものを「役職上の昇進」というのに対し、下位職に向かう場合が「職制上の降格」となります。社員の役職は、社員の能力、経験、実績、勤務態度、指導統

制力、業務上の必要性などを考慮して決定されます。したがって一度上位職に就いたとしても、その役職に見合う職務ができなければ、役職を失ったり下位職に降格させられたりします。これについては、人事考課の裁量権の範疇になりますので、濫用とされるような恣意的なものがなければ問題はありません。

次に「職能資格制度上の降格」ですが、給与体系のベースとして資格等級制度を導入している会社は多くあります。「1等級」「2等級」というような数字を使用したり、「課長級」「部長級」といったり、会社によって様々ですが、実際の役職とはリンクしていないものの、給与の決定に密接に関係しています。この資格等級の変動を昇格、降格といいますが、この降格は即減給となりますので、その運用に厳格さが求められます。さらに、資格等級制度を導入する前提として、就業規則に降格の要件が記載されていなければなりません。

体調が悪いことで従前の職務ができない場合は、休職して療養に専念するのが一番よいのですが、それができない場合は配置転換などをして負担を軽減することが必要になります。それに伴い減給や降格するときは、職務に見合っているからよいわけではなく、あらかじめ減給や降格の要件を就業規則に規定するとともに、急激な給与の減額にならないような配慮が必要になります。

■ 昇進・降格と昇格・降格

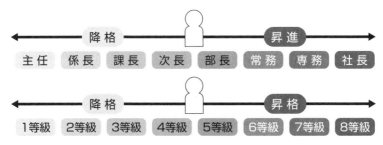

第2章 ◆ 休職をめぐる法律知識　77

相談 欠勤や遅刻、早退への対策

Case 遅刻や早退を繰り返したり、仕事に対するやる気が感じられず、ミスばかりしている人がいた場合には、どのように対応したらよいのでしょうか。

回答 メンタルヘルス疾患などが原因で、仕事を休んだ労働者や、遅刻・早退した労働者の賃金の取扱いについては、労働しなかった分の給与を控除できるのが原則です（ノーワーク・ノーペイの原則）。

休んだ場合の控除額の計算方法について労働基準法上は特に定めをおいていないので、会社は独自に控除額を判断することができます。実務上は就業規則や給与規程に規定を置いて、それに従って控除額を算出しています。

ただし、休んだ日数、遅刻した時間数を超えて控除することはできません。たとえば、10分の遅刻に対し、1時間分の賃金を控除することはできません。控除額の算出方法は、欠勤 a 日分を控除する場合は「月給額÷年平均の月所定労働日数× a 」で計算するのが一般的です。一方、遅刻や早退など1時間あたりの控除額の算出する場合は「月給額÷年平均の月所定労働日数÷1日の所定労働時間数」で計算します。

なお、無断での遅刻や早退、欠勤については、職場の規律違反行為として一定の制裁を加えることもできます。制裁として、給与を減額することもできますが、給与は労働者の生活を維持するための重要なものですから、減額の限度額が定められています。

具体的には、労働基準法において、①制裁1回の金額が平均賃金の1日分の半額を超えてはならず、かつ②一賃金支払期（月1回の給与のときは1か月）における制裁の総額がその一賃金支払期の賃金総額の10分の1を超えてはならないと定められています。

5 休職中の社員の管理はどうすればよいのか

うつ病の休職者には負担をかけずに連絡し合うこと

■■ 定期的に連絡をする

　休職中は、出勤しないで療養に専念することになるので、休職者との連絡をしなくなってしまうこともあり得ます。しかし、病気静養中だからといって休職者との接触を敬遠するのではなく、十分な情報提供をして、精神的な孤独や復職できるかなどの不安を解消することや相談できる場を設けることが重要です。もっとも、これを休職者の報告義務としてしまうと休職者にとって大きな負担となりますので、その方法には注意が必要です。

　休職者との連絡においては、電話ではなくメールを活用するとよいでしょう。電話だとタイミングによっては休職者にとって苦痛になることもありますが、メールなら体調のよい時に対応できるので、負担が軽くてすみます。しかも文字として記録が残るという利点もあります。また、連絡の窓口は一本化することも大切です。複数の人から接触されるのは休職者にとってストレスとなることもあります。日頃の仕事の直接の上司、部下、同僚より、離れた位置にいる労務担当者の方がよいでしょう。

■■ 病状の確認と復職の判断

　うつ病からの復職には時間がかかります。このタイミングを誤り、早く復職させてしまうと再発のリスクが高まります。順を追って職場復帰を考えるようにしましょう。まず、「朝決まった時間に起きられる」「三度の食事がきちんととれるようになった」など、日常生活が送れるようになったかどうかについて確認します。その後、外出でき

第２章 ◆ 休職をめぐる法律知識　　79

るか集中力が回復しているかを確認します。

　次に主治医との連絡が取れるようにします。これは休職者本人と主治医の許可が必要なので、協力が得られるようお願いします。休職中の情報収集は、職場復帰には不可欠なものとなります。「規則だから」「仕事だから」と休職者にプレッシャーをかけるようなことはせず、休職者が安心できる環境を醸成していくことが大切です。

　うつ病を発症した場合、その完治には時間がかかります。一方で会社の規定する私傷病での休職期間は、うつ病を想定していないケースが多く、比較的短い期間が設定されています。そのため、休職期間満了後も復職できないこともあります。

　責任感の強い休職者ほど完治していなくても復職しようとします。しかし、無理して復職すると再発してしまいますので、主治医の意見を基に休職者、労務担当者、産業医でしっかりと話し合い、通常の勤務ができる状態であるかを確認することが必要です。

■■ 解雇の有無について

　休職期間が満了して復職できない場合は、社員を解雇することができます。ただし、あらかじめ就業規則に明確な記載がある場合に限ります。また、解雇の場合は解雇予告が必要になりますので、自然退職とした方が会社の負担は軽減されます。

　一方、休職中という仕事ができない状態で会社を辞めることは、休職者にとっては大きな不安があります。最低限、経済的不安を解消するため、傷病手当金（143ページ）の継続給付や休業補償給付（119ページ）の継続給付などの権利について説明するとよいでしょう。

　なお、うつ病の発症が業務上の疾病となるのは、原則として労災と認定された場合（93ページ）であり、療養期間中とその後30日間は解雇することができませんので注意が必要です。

相談 休業や復職のための要件

Case メンタルヘルス疾患（精神疾患）を抱えてしまったために、仕事を継続していくことが困難になり、しばらく会社を休みたいと考えています。休職するためにはどのような要件があるのでしょうか。また、復職をする場合の要件を教えてください。

回答 精神疾患を発症すると、医師から十分な休養をとるよう勧められ、場合によっては「休職」という措置をとることになります。休職の定義は法的には明確にされていません。どんな理由で休職を認めるのか、休職期間中の賃金や社会保険の支払いはどうするのか、いつまで休職を認めるのかといった条件は、会社と労働者の話し合いによって決めることができます。多くの会社は就業規則や労働協約で休職に関する規定を置いていますが、その就業規則や労働協約で休職理由を詳細に定めていることは少ないといえます。労働者が休職を求める理由や状況は千差万別であり、個々の雇用契約によって定めるという柔軟性が必要な場合もあります。

同様に、休職から復帰する「復職」についても、それぞれの会社でその要件を決めていくことになりますが、精神疾患を理由とする休職の場合は、労働者本人の意思や会社側の要望だけでなく、仕事ができるまでに病状が回復したという医学的な判断が必要になります。これは、本人の「早く復職したい」という気持ちが強く、医学的な判断を無視して復職を早めてしまうと、復職後に精神疾患が再発するなどして、再度休職が必要になってしまう場合があるためです。

なお、復職までのステップについては、「心の健康問題により休業した労働者の職場復帰支援の手引き」（107ページ）を参考にするとよいでしょう。

第２章 ◆ 休職をめぐる法律知識　81

相談　休職満了後の解雇

Case　メンタルヘルス疾患のために、会社を長期間休んでいたのですが、休職期間が満了するため復帰したいと考えています。しかし、会社側は休職期間満了後に解雇したい旨を伝えてきたのですが、休職期間満了後に解雇されることはあるのでしょうか。

回答　休職の対象となる理由や休職期間の長さなどは、それぞれの会社に応じた内容で任意に定めることができます。従業員は、自身の勤める会社の就業規則に沿った休職理由に応じた休職期間の満了後に、復職することになります。ただ、休職理由が私傷病（労災とならない病気や負傷）の場合、治療期間は病状によりまちまちです。たとえば激務が原因でメンタルヘルス疾患に罹患し、治療をしている間は、罹患したことが原因で解雇されることはありませんが、場合によっては治癒しないまま休職期間が満了してしまうことがあります。

　休職期間が満了した後の取扱いについては、就業規則で規定されているのが通常ですが、一般的な運用では自然退職（定年や死亡など、一定の事由に該当した場合に労働契約が当然に終了し、退職したものとして扱われること）または解雇ということになります。

　解雇の場合、労働基準法の手続きに従うため、30日前に予告するか30日分の予告手当が支払われることになります。なお、休職期間満了で復帰できないことを理由とした懲戒解雇はできません。

　自然退職の場合、就業規則に「休職期間満了時までに復職できないときは自然退職とする」といった規定が置かれているため、期間満了により労働契約が終了するという扱いです。この場合は、自己都合退職や会社都合退職ではなく、合意退職として扱われます。復職を望んでいた従業員としては、不本意ながら会社から退職を促された場合には、具体的な理由の提示を求めるべきでしょう。

第3章
メンタルヘルス対策と
復職支援

　本章では、メンタルヘルス対策を念頭に置いて、事業者の立場から、行うべき健康診断やストレスチェックのしくみを解説しました。また、具体的な対応として、労働者の管理・監督にあたる企業の担当者が、労働者の動向を把握する上で、注意するべきポイントを提示しました。労働者が復職する場合の、基準や復職後の職務の配置などについても説明しています。

1 健康診断と診断結果について知っておこう

メンタルヘルス疾患の発見のために健康診断が必要である

健康診断はどんな性質のものか

事業者（会社）は、労働者に対して健康診断を受けさせなければなりません。これは、事業主に法律で課せられた義務です。

健康診断には、労働者に対して定期的に実施する一般健康診断と、危険な業務に従事する労働者に対して行う特殊健康診断があります。もし、この健康診断を労働者に受けさせないと、事業主には50万円以下の罰金が科せられます。

事業者は、健康診断の結果（異常の所見がある場合に限る）に基づき、労働者の健康を維持するためにどのような措置を講じるべきか医師の意見を聴く必要があります。事業者は、医師の意見を踏まえて、労働者の健康を維持するために必要がある場合には、就業場所の変更や深夜業の回数の減少など必要な措置を講じることになります。

健康診断は拒否できるのか

労働者に健康診断を受けさせることは事業者の義務です。しかし、健康診断の受診を拒否する労働者がいる場合に、その労働者を放置しておくのでは、事業者の義務を果たしたことにはなりません。

この場合の対策としては、就業規則に「労働者は事業者の指示に従い健康診断を受けなければならない」という内容の条項を設け、健康診断を拒否した労働者に対しては懲戒処分をする旨を記載する方法が考えられます。労働者には事業者が行う健康診断を受ける義務があるので（労働安全衛生法66条5項）、このような条項が認められると考えられます。したがって、就業規則にこのような条項があれば、事業

者は健康診断を拒否する労働者に対して懲戒処分が可能です。これにより、労働者の健康診断の受診を促すことになります。

また、就業規則に明確な記載がなくても、業務命令として健康診断の受診を命じることもできます。労働者の健康を維持することは事業者の義務であるとともに、労働者は健康診断受診義務を負うので、このような命令も業務に必要な範囲内での命令として発することが可能です。もし、この業務命令を労働者が拒否した場合には、業務命令違反として労働者に対して賞与カットなどの不利益を与えることは可能です（懲戒処分を行う場合は就業規則の定めが必要です）。

しかし、就業規則に健康診断の受診拒否に対する懲戒処分について具体的に規定する方が、処分内容が明確になるというメリットがあるので、就業規則への記載が望ましいといえます。

■■ 健康診断の結果を通知する

会社は、労働者に健康診断の結果を通知する義務を負っています。そのため、原則としては、会社は労働者に健康診断の結果をすべて通知する必要があります。労働者は、会社での健康診断の結果を見て、自らの健康を維持するために必要なことを把握します。そのため、労働者の健康を維持するという観点から、労働者への健康診断の結果の通知は必要な行為だといえます。

ただし、例外的に、労働者が重病にかかっている場合には、その内容を告知する方法が制限されています。重病であることを労働者に告知すると、労働者がパニックに陥る可能性があります。そのため、重病の告知は、労働者がパニックになったとしてもそれに対応できる医療関係者が行う必要があります。仮に、重病であることを告知された労働者がパニックに陥って、労働者が損害を受けた場合には、会社が不法行為に基づき損害賠償責任を負う可能性があります。

第 3 章 ◆ メンタルヘルス対策と復職支援　　85

■■ メンタルヘルス疾患と診断された場合の対応

　会社（事業者）は、労働者に対して、労働者の健康を維持する義務を負っています。そのため、労働者がメンタルヘルス疾患に罹患していると判明した場合には、メンタルヘルス疾患が悪化しないような措置を講じる必要があります。

　具体的には、労働者の作業内容を負担の少ないものに変更したり、労働時間の短縮といった対策を講じます。また、メンタルヘルス疾患を専門とする医師の意見を求めることも必要です。医師の意見を踏まえて治療のために効果的な方法を模索することになります。

　仮に、労働者がメンタルヘルス疾患に罹患しているにもかかわらず、何らの対策を講じなかったために症状が悪化した場合には、会社は安全配慮義務違反を理由に、労働者に対して損害賠償責任を負います。

■■ メンタルヘルスに関する情報の取扱い

　メンタルヘルスに関する情報は、個人の健康に関する情報、つまり個人情報（52ページ）であるため、とりわけ慎重に扱う必要があります。

　原則としては、メンタルヘルスに関する情報は、当初の目的以外の目的のために用いず、情報を外部の者に提供することも厳しく制限することが必要になります。もし、メンタルヘルスに関する情報の取り扱いに不手際があったことで労働者に損害が生じた場合、会社は労働者に対して不法行為に基づく損害賠償責任を負います。

　また、労働者の同意を得ずに、会社がメンタルヘルスに関する検査を実施することは許されません。かつて、会社が労働者の同意を得ることなくHIVの検査を実施したことに労働者が抗議して、それが裁判に発展しました。裁判所は、労働者のプライバシーを侵害する行為であるとして、会社の行為は不法行為に該当すると判断しました。同じように、会社が労働者の同意を得ずにメンタルヘルスに関する検査を実施することは不法行為になる可能性があります。

2 ストレスチェックについて 知っておこう

定期健康診断のメンタル版といえる制度

■■ どんな制度なのか

　近年、仕事や職場に対する強い不安・悩み・ストレスを感じている労働者の割合が高くなりつつあることが問題視されています。

　こうした状況を受けて、労働安全衛生法が改正され、「職場におけるストレスチェック（労働者の業務上の心理的負担の程度を把握するための検査）」の義務化が実現しました。ストレスチェックの目的は、労働者自身が、自分にどの程度のストレスが蓄積しているのかを知ることにあります。自分自身が認識していないうちにストレスはたまり、常態が悪化してしまうとうつ病などの深刻なメンタルヘルス疾患に繋がってしまします。そこで、ストレスが高い状態の労働者に対して、場合によっては医師の面接・助言を受けるきっかけを作るなどにより、メンタルヘルス疾患を事前に防止することがストレスチェックの最大の目的です。

　ストレスチェックは平成27年（2015年）12月から施行されている制度で、いわば定期健康診断のメンタル版です。会社側が労働者のストレス状況を把握することと、労働者側が自身のストレス状況を見直すことができる効果があります。

　具体的には、労働者にかかるストレスの状態を把握するため、アンケート形式の調査票に対する回答を求めます。調査票の内容は、仕事状況や職場の雰囲気、自身の状態や同僚・上司とのコミュニケーション具合など、さまざまな観点の質問が設けられています。ストレスチェックで使用する具体的な質問内容は、会社が自由に決定することができますが、厚生労働省のホームページから「標準的な調査票」を

第3章 ◆ メンタルヘルス対策と復職支援　　87

取得することも可能です。職場におけるストレスの状況は、職場環境
に加え個人的な事情や健康など、さまざまな要因によって常に変化す
るものです。そのため、ストレスチェックは年に一度以上の定期的な
実施が求められています。

■■ どんな会社でもストレスチェックが行われるのか

　ストレスチェックの対象になるのは、労働者が常時50人以上いる
事業場です。この要件に該当する場合は、年に１回以上のストレス
チェックの実施が求められています。第１回目のストレスチェックに
ついて、平成29年６月までに実施報告書を提出した事業場は、約83％
に上りました。対象となる労働者は、常時雇用される労働者で、一般
健康診断の対象者と同じです。無期雇用の正社員に加え、１年以上の
有期雇用者のうち労働時間が正社員の４分の３以上である者（パート
タイム労働者やアルバイトなど）も対象です。派遣労働者の場合は、
所属する派遣元で実施されるストレスェックの対象になります。

■ ストレスチェックの対象労働者 ……………………………………

事業所規模	雇用形態	実施義務
常時50人以上	正社員	義務
	１年以上の有期雇用者 （パート・アルバイト等）	義務
	１年未満の有期雇用者	義務なし
	派遣労働者	派遣元事業者の規模が 50人以上なら義務
常時50人未満	正社員	努力義務
	１年以上の有期雇用者 （パート・アルバイト等）	努力義務
	１年未満の有期雇用者	義務なし
	派遣労働者	派遣元事業者の規模が 50人未満なら努力義務

なお、健康診断とは異なり、ストレスチェックを受けることは労働者の義務ではありません。つまり、労働者はストレスチェックを強制されず、拒否する権利が認められています。しかし、ストレスチェックはメンタルヘルスの不調者を防ぐための防止措置であるため、会社は拒否をする労働者に対して、ストレスチェックによる効果や重要性について説明した上で、受診を勧めることが可能です。

　ただし、あくまでも「勧めることができる」のであり、ストレスチェックを強制することは許されません。また、ストレスチェックを拒否した労働者に対して、会社側は減給や賞与のカット、懲戒処分などの不利益な取扱いを行ってはいけません。反対に、ストレスチェックによる問題発覚を恐れ、労働者に対してストレスチェックを受けないよう強制することもできません。

■■ ストレスチェック実施時の主な流れ

　ストレスチェックとは、労働者のストレス状況の把握を目的とするメンタル版の定期健康診断です。ストレスチェック義務化（87ページ）に伴い、会社としては、これまで以上に体系的な労働者のストレス状況への対応が求められることになります。ストレスチェックについては、厚生労働省により、前述の調査票をはじめとしたさまざまな指針などが定められています。特に、労働者が安心してチェックを受けて、ストレス状態を適切に改善していくためには、ストレスという極めて個人的な情報について、適切に保護することが何よりも重要です。そのため、会社がストレスチェックに関する労働者の秘密を不正に入手することは許されず、ストレスチェック実施者等には法律により守秘義務が課され、違反した場合には刑罰が科されます。

　その具体的な内容については、次のようなものです。

① 会社は医師、保健師その他の厚生労働省令で定める者（以下「医師」という）による心理的負担の程度を把握するための検査（スト

第３章 ◆ メンタルヘルス対策と復職支援　　89

レスチェック）を行わなければならない。
② 会社はストレスチェックを受けた労働者に対して、医師からのストレスチェックの結果を通知する。なお、医師は、労働者の同意なしでストレスチェックの結果を会社に提供してはならない。
③ 会社はストレスチェックを受けて医師の面接指導を希望する労働者に対して、面接指導を行わなければならない。この場合、会社は当該申し出を理由に労働者に不利益な取扱いをしてはならない。
④ 会社は面接指導の結果を記録しておかなければならない。
⑤ 会社は面接指導の結果に基づき、労働者の健康を保持するために必要な措置について、医師の意見を聴かなければならない。
⑥ 会社は医師の意見を勘案（考慮）し、必要があると認める場合は、就業場所の変更・作業の転換・労働時間の短縮・深夜業の回数の減少などの措置を講ずる他、医師の意見の衛生委員会等への報告その他の適切な措置を講じなければならない。

■ **ストレスチェック実施後の流れ**

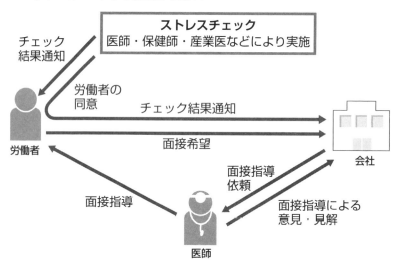

⑦　ストレスチェック、面接指導の従事者は、その実施に関して知った労働者の秘密を漏らしてはならない。

■■ 届出や報告などは不要なのか

　常時50人以上の労働者を使用する事業場において、第1回目のストレスチェッを平成28年（2016年）11月30日までに実施することが求められていました。しかし期間内にストレスチェックを実施していれば、検査結果の通知や医師による面接指導の実施については、それ以降でも、事業場ごとに時期を設定することが認められました。その後は、1年に1回以上の頻度での定期的な実施が必要です。

　ストレスチェックを実施した後は「検査結果等報告書」を労働基準監督署長へ提出しなければなりません。検査結果等報告書には、検査の実施者は面接指導の実施医師、検査や面接指導を受けた労働者の数などを記載します。ただし、ここで記載する面接指導を受けた労働者の人数には、ストレスチェック以外で行われた医師の面談の人数は含みません。また、提出は事業場ごとに行う必要があるため、事業場が複数ある会社が、本社でまとめて提出するという形をとることは不可能です。なお、雇用労働者が常時50人未満の会社の場合は、そもそもストレスチェックの実施が義務づけられていないため、報告書の提出義務はありません。

■■ 実施しなくても罰則はないのか

　ストレスチェックを実施しなかった場合の罰則規定は特に設けられていません。ただし、労働基準監督署長へ検査結果等報告書を提出しなかった場合は、罰則規定の対象になります。ストレスチェックを実施しなかった場合においても、労働基準監督署長へ報告書を提出しなければなりません。ただし、50人未満の会社の場合は、報告書の提出義務や罰則は設けられていません。

第3章 ◆ メンタルヘルス対策と復職支援　　91

3 社員がうつ病になったらどうする

メンタルヘルス対策も事業者の義務

■■ 職場でのメンタルヘルス対策は重要

　近年、うつ病などの精神疾患にかかる人が増加しています。うつ病を発症する原因はさまざまですが、仕事のストレスや職場の人間関係などが原因となることもあります。中にはそのうつ病が原因で自殺してしまう人もいます。

　このような事態が起これば、会社側は優秀な人材を失うことになりますし、他の社員にも多大な影響を与えます。何よりも、社員が業務上の問題でうつ病になるということ自体、その会社のどこかに何らかの問題が潜んでいることを示唆しているといえます。

　職場においてメンタルヘルス対策を行うことは、職場をより働きやすい環境にするための対策にもなります。実際に精神疾患を発症した従業員だけでなく、現在は健康な従業員にとっても、経営者にとっても、重要なことであるといえるでしょう。

■■ どんなケースが考えられるのか

　従業員がうつ病などの精神疾患を発症する業務上の要因としては、たとえば次のようなケースが挙げられます。

・長時間労働や休日出勤などにより、疲労が重なった
・重大なプロジェクトを任された
・海外などへの出張が多かった
・取引先とトラブルを起こした
・重いノルマを課せられた
・上司や部下、同僚との人間関係がうまくいかなかった

・セクハラやパワハラを受けた

■ 精神障害は労災にあたるのか

　前述のような要因で精神疾患を発症した労働者が、休職することになったり自殺するようなことが起こった場合、労災保険による補償を受けることができるのでしょうか。

　労働者がうつ病などの精神疾患を発症したという精神障害が労災として補償されるのかが、裁判で争われることもあります。

　以前は精神障害と業務との間の因果関係を証明することが難しいという理由で、労災認定されるケースはまずありませんでした。近年でも因果関係の証明が難しいことは変わりありませんが、判例などを見ると労災認定されるケースが確実に増えてきています。

　そこで、厚生労働省は、精神障害の労災認定の基準として「心理的負荷による精神障害の認定基準」を作成しています。この認定基準は、平成11年に示された「心理的負荷による精神障害等に係る業務上外の判断指針について」という指針を改善したものです。

　この認定基準では、労働者に発病する精神障害は、業務による心理的負荷、業務以外の心理的負荷、それぞれの労働者ごとの個人的要因の3つが関係して起こることを前提とした上で、次の①〜③のすべての要件を満たすものを業務上の精神障害として扱うとしています。

① **対象疾病を発病していること**

　判断指針における「対象疾病に該当する精神障害」は、原則として国際疾病分類第10回修正版（ICD-10）第Ⅴ章「精神および行動の障害」に分類される精神障害とされています。

② **対象疾病の発病前おおむね6か月の間に、業務による強い心理的負荷が認められること**

　業務による心理的負荷の強度の判断にあたっては、精神障害発病前おおむね6か月の間に、対象疾病の発病に関与したと考えられる業務

第3章 ◆ メンタルヘルス対策と復職支援　　93

によるどのような出来事があり、また、その後の状況がどのようなものであったのかを具体的に把握し、それらによる心理的負荷の強度はどの程度であるかについて、認定基準の「業務による心理的負荷評価表」を指標として「強」「中」「弱」の3段階に区分します（下図）。

具体的には次のように判断し、総合評価が「強」と判断される場合には、②の認定要件を満たすものと判断されることになります。

・「特別な出来事」に該当する出来事がある場合

発病前おおむね6か月の間に、「業務による心理的負荷評価表」の「特別な出来事」に該当する業務による出来事が認められた場合には、心理的負荷の総合評価が「強」と判断されます。

・「特別な出来事」に該当する出来事がない場合

「特別な出来事」に該当する出来事がない場合は、認定基準が定める「具体的出来事」に該当するか（または「具体的出来事」に近いか）の判断、事実関係が合致する強度、個々の事案ごとの評価、といった方法により心理的負荷の総合評価を行い、「強」「中」または「弱」の評価をします。

■ 心理的負荷の強度についての強・中・弱の区分

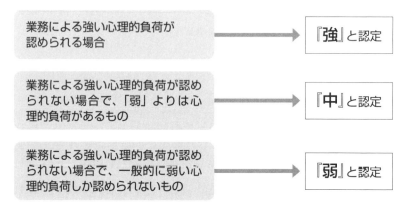

・**出来事が複数ある場合の全体評価**

　対象疾病の発病に関与する業務による出来事が複数ある場合、それぞれの出来事の関連性などを考慮して、心理的負荷の程度を全体的に評価します。

・**時間外労働時間数の評価**

　長時間労働については、たとえば、発病日から起算した直前の1か月間におおむね160時間を超えるような極度の時間外労働を行った場合などについては、当該極度の長時間労働に従事したことのみで心理的負荷の総合評価が「強」とされます。

③　**業務以外の心理的負荷及び個体側要因により対象疾病を発病したとは認められないこと**

　「業務以外の心理的負荷」が認められるかどうかは、認定基準が定める「業務以外の心理的負荷評価表」を用いて検討します。評価の対象となる出来事としては、次のようなものが挙げられています。

・**自分の出来事**

　離婚や別居をした、重い病気にかかった、ケガをした、流産した場合など

・**自分以外の家族・親族の出来事**

　配偶者や子供、親または兄弟が死亡した、配偶者や子供が重い病気にかかったり、ケガをした場合など

・**金銭関係**

　多額の財産を損失したまたは突然大きな支出があった場合など

・**事件、事故、災害の体験**

　天災や火災などに遭ったまたは犯罪に巻き込まれた場合など

　つまり、②の認定基準において、業務による強い心理的負荷が認められたとしても、業務以外の心理的負荷や個体側要因が認められる場

合には、どの要因が最も強く精神障害の発症に影響したかを検討した上で最終的な評価が出されるということです。

なお、「心理的負荷による精神障害の認定基準」に基づく業務災害の認定については、120ページで具体的に説明します。

■■ 使用者にはメンタルヘルスに対する安全配慮義務がある

精神的に不健康な状態に陥ると、自殺などの危険がある他、だるい、朝起きられないなどの身体的な症状が出て、仕事ができなくなることもあります。そうなれば労働者本人の生活はもちろん、会社としても業務にも支障をきたしますし、周囲の労働者にも少なからず影響を及ぼします。会社（使用者）には、事故や過労死などを招かないよう、職場環境や労働条件などを整備する義務があるのと同様に、労働者が労働によって精神的な疾患を発症することがないよう、メンタルヘルス対策を練り、安全に配慮する義務があります。

ただ、一口にメンタルヘルス対策と言っても、何をどうすれば全労働者のメンタルヘルスに配慮したことになるのか、なかなか判断がつかないかもしれません。そこで、厚生労働省では「労働者の心の健康の保持増進のための指針」を策定しています。具体的には、以下のような手順を示し、事業者にメンタルヘルスケアに積極的に取り組むよう求めています。

・衛生委員会などにおける調査審議

会社が労働者の意見を聞きつつ事業場の実態に即した取組みができるよう、社内の衛生委員会や労働者の話を聴く機会を活用し、調査審議を行います。

・心の健康づくり計画を策定する

聞き取り調査などを経て洗い出した現状や問題点を踏まえ、基本的な計画を策定します。

・計画を実施する

計画を実施する際には、メンタルヘルスケアに効果的とされる①セルフ（自己）ケア、②ライン（管理職）等によるケア、③事業場内産業保健スタッフ（産業医、保健師など）によるケア、④事業場外資源（専門医など）によるケア、という「４つのケア」が適切に実施されることが求められます。具体的には、それぞれの職務に応じてメンタルヘルスケアの推進に関する教育研修・情報提供を行うことや、職場環境や勤務形態の把握と改善、不調者を迅速に把握し、対応するためのネットワークづくり、回復後の職場復帰などに対する支援体制づくり、といったことが挙げられています。

■■ 休職や復職をするための要件とは

　精神疾患を発症すると、医師から十分な休養をとるよう勧められることがあります。場合によっては「休職」（56ページ）という措置を取ることになるわけですが、休職の定義は法的には明確にされていません。つまり、どんな理由で休職を認めるのか、休職期間中の賃金をどの程度支払うのか、社会保険の支払いは会社がするのか、いつまで休職を認めるのかといった条件は、就業規則の規定や会社と労働者の話し合いによって決めることができるわけです。

　多くの会社では就業規則上に休職に関する規定を置いているようですが、労働者が休職を求める理由や状況は千差万別ですから、個々の雇用契約において休職に定めるという柔軟性も必要かもしれません。同様に、休職から復帰する「復職」についても、それぞれの会社でその要件を決めていくことになるわけですが、精神疾患を理由とする休職の場合、労働者本人の意思や会社側の要望だけでなく、仕事ができるまでに病状が回復したという医学的な判断が必要になります。

　なお、復職までのステップについては、107ページで説明する「心の健康問題により休業した労働者の職場復帰支援の手引き」を参考にするとよいでしょう。

第３章 ◆ メンタルヘルス対策と復職支援　　97

4 メンタルヘルスへの取組みはどのように行えばよいのか

労働者と事業主双方の協力が必須

■■ どのように取り組んでいったらよいのか

事業場がメンタルヘルスの問題に取り組む際には、何をどのように進めていくのか、どの範囲まで事業所が関わる必要があるのかといったことが問題になります。事業場内で起こる突発的な事故や中皮腫をはじめとする職業病など、身体的なケガや病気と違い、メンタルヘルスは発症の原因が多岐にわたるため、明確な対策が立てにくいという特徴があります。そのような現状を踏まえ、厚生労働省は、「労働者の心の健康の保持増進のための指針」の中で、メンタルヘルス対策を行うにあたっては、まず各事業場における労働安全衛生に関する計画の中に、事業場ごとの実態を考慮して策定した「心の健康づくり計画」を位置づけることが望ましいと示唆しています。

「心の健康づくり計画」の策定にあたって定めるべき事項としては、次のような項目が挙げられています。

- ・事業者がメンタルヘルスケアを積極的に推進する旨の表明
- ・事業場における心の健康づくりの体制の整備
- ・事業場における問題点の把握及びメンタルヘルスケアの実施
- ・メンタルヘルスケアを行うために必要な人材の確保と外部専門機関等の活用
- ・労働者の健康情報の保護
- ・心の健康づくり計画の実施状況の評価及び計画の見直し
- ・その他労働者の心の健康づくりに必要な措置

以上の項目だけを見ると、計画の内容はどんな企業でも大差ないように思われるかもしれませんが、そうではありません。一口にメンタルヘルスと言っても、各事業場が問題視しているポイントはそれぞれ違います。たとえば外部との接触が少なく、ストレスがたまりやすい事業場ではストレス軽減のための予防対策に重点を置きたいと考えるでしょうし、すでに心の健康を害して休職している労働者が多く出ている職場では、予防だけでなく復職後の対応が問題になっているといった具合です。計画を立てる際には、何よりもまず各事業場の現状を正確に把握することが重要になるといえるでしょう。

■■ いろいろなケアの仕方がある

　「心の健康づくり計画」に盛り込む具体的なメンタルヘルスケアの方法としては、次のようなものがあります。

① **セルフケア**

　労働者自身が行うメンタルヘルスケアです。ストレスや心の健康についての理解を深め、みずからストレスや心の問題を抱えていることに気づくこと、気づいた際にどのような対処方法があるかを知ることなどがその内容となります。

　事業者は、研修の機会を設けるなど、労働者がセルフケアをすることができるよう、支援することが求められます。

② **ラインによるケア**

　管理監督者（上司など）が行うメンタルヘルスケアです。労働者の労働条件や職場環境などをチェックし、過重なストレスがかかっている場合などには改善を進めていきます。また、何らかの問題を抱えた労働者の相談を受ける窓口としての役割を担うことも求められます。

　事業者は、管理監督者がこのようなケアを実施することができるよう、教育する必要があります。

③ **事業所内のスタッフ等によるケア**

第３章 ◆ メンタルヘルス対策と復職支援　　99

事業場内に設置した専門スタッフによるメンタルヘルスケアです。専門的な立場から助言・指導などを行う産業医や衛生管理者、保健師、心の健康づくり専門スタッフ（産業カウンセラー、臨床心理士、心療内科医など）等が相談を受け付ける他、セルフケアやラインによるケアなどが効果的に行われるよう、支援する役割を担います。事業者は、その実情に応じて必要な専門スタッフを配置します。

④　事業所外の専門機関等によるケア

社内に専門スタッフを配置できない場合やより専門的な知識を必要とする場合などには、事業場外の専門機関を活用してメンタルヘルスケアを行うのも一つの方法です。

主な専門機関としては、メンタルヘルス対策支援センターなどの公的機関の他、民間の専門医療機関などがあります。

■■ メンタルヘルス対策をする上で大切なこと

計画を立て、実際にメンタルヘルス対策を実行していく際には、次のような点を念頭に置いておく必要があります。

①　メンタルヘルスの特性

人が心の健康を害する要因はさまざまです。同じ職場環境下におかれても、本人の性格的なことやプライベートの状況などによって発症する人もいればしない人もいます。症状にも個人差がありますし、治癒までの過程も千差万別です。また、突然症状が現れたように見えても、実は長い時間をかけて負荷がかかり続けていたという場合も多く、原因が把握しにくいという特性があります。問題があっても周囲がなかなか気づくことができず、本人もある程度自覚はありながら積極的に治療しないというケースも多いので、定期的なチェックが望ましいといえるでしょう。

②　労働者のプライバシー保護

メンタルヘルス対策は、労働者の心という最もプライベートな部分

に踏み込む行為です。その情報が確実に保護されるという保証がなければ、労働者は相談したり、情報を提供すること自体を躊躇してしまいます。情報を外部に漏らさない、必要なこと以外には使用しない、使用にあたっては本人や医師などの同意を得るなど、プライバシー保護に関して細心の注意を払うことが重要です。

③ 人事労務管理との協力

企業におけるメンタルヘルスの問題は、労働時間や業務内容、配属・異動といった人事労務の部分が密接に関係してきます。相談窓口を設けたり、個人情報の保護に配慮するなどの対策を講じても、人事労務部門との連携が不十分であれば、その対策の効果が半減してしまいますので、協力してメンタルヘルス対策に取り組んでいく体制を整える必要があります。

■■ 予防から再発防止まで

メンタルヘルス対策には、発症そのものを予防する対策、発症を早期発見・早期治療する対策、治療後の再発を予防する対策という三つの段階があります。この３つの段階は、それぞれ１次予防、２次予防、３次予防などと呼ばれています。具体的な内容としては、次のようなものが挙げられます。

① １次予防

労働者に対し、メンタルヘルスに関する啓発・研修などを行ったり、職場の状況を調査し、過度なストレスがかかっていると判断される場合は組織変更や勤務態勢の変更など必要な対処を行います。

１次予防の具体的な方法としては、次のようなものが挙げられます。

・セルフチェックの定期実施

自己診断のチェックシートなどを利用したセルフチェックを定期的に行い、労働者自身が自分のストレス度を客観的に把握し、ストレス解消を心がけることができるようにします。

第３章 ◆ メンタルヘルス対策と復職支援　101

・アンケート調査や聞き取り調査の定期実施

　アンケート調査や管理監督者や専門家等による聞き取り調査を定期的に実施し、課題の把握に努めます。

・気軽に相談できる環境づくり

　労働者は「相談したら仕事の評価に影響するのではないか」「バカにされたり怒られるのではないか」と考えると、何らかの問題があってもなかなか相談できません。このような悩みを抱えず、早目に相談できるような環境を作っておくことも重要です。

② ２次予防

　メンタルヘルス疾患は長期にわたって少しずつ蓄積していくことが多く、期間が長くなればなるほど解決は困難になっていきますので、できるだけ早い気づきと対応が望ましいといえます。

　メンタルヘルス疾患を早期に発見し、早期に対応するための対策を２次予防といいます。セルフチェックや管理監督者によるチェックでメンタルヘルスの問題に早期に気づき、必要に応じて専門家によるケアを受けます。

③ ３次予防

　休職など治療を受けるための体制を整えたり、復職の際のフォローの体制を構築し、再発防止に努めます。

■ 予防から再発防止までの予防対策 ……………………………………

1次予防	2次予防	3次予防
メンタルヘルスに関する啓発・研修実施や、職場の状況を調査し、過度なストレスが確認できた場合の組織変更や勤務体制の変更を行う	セルフチェックや管理監督者によるチェック、必要に応じた専門家によるケアを行う	治療を受けるための体制を整えたり、復職の際のフォロー体制を構築し、再発防止に努める

相 談 メンタルヘルス対策と外部専門機関の活用

Case 職場でのメンタルヘルス対策として、外部の専門機関などを
活用することを考えていますが、具体的にはどのように進めていけば
よいのでしょうか。

回 答 たとえば、社員の健康診断などの場合は、社外の医療機関に
そのまま委託することで足ります。しかし、メンタルヘルス対策の場
合は、人事労務の部分などが複雑に関連することもあり、丸投げをす
るわけにはいきません。

そのため、まずは社内に対応の窓口を作り、窓口が中心になって活
動する中で、必要に応じて外部機関と連携し、会社では対応し切れな
い部分を補ってもらう、という体制を構築する方法が効果的となりま
す。連携をとる外部機関には、主に以下のようなものがあります。

① メンタルヘルス対策支援センター

独立行政法人の労働者健康安全機構（旧：労働者健康福祉機構）が
厚生労働省の委託を受けて設置している機関です。全国47都道府県の
「産業保健総合支援センター」に設置されており、事業者からの相談
受付や、専門家による事業場への訪問支援、研修などを行っています。
実際にメンタルヘルスに関して悩みを抱えている労働者の相談に乗る
ことはもちろん、メンタルヘルスケアに必ずしも明るくない事業者に
対して、会社内で行うべき体制づくりに関するアドバイス等も行います。

② 民間医療機関

精神科や心療内科などの診療科を開設している病院や診療所です。
別途労働者のメンタルヘルスサポートを行う窓口を設け、メンタルヘ
ルス疾患を発症した労働者本人はもちろん、予防対策や家族のサポー
トなどを含めて行っているところもあります。

第３章 ◆ メンタルヘルス対策と復職支援 　103

5 管理監督者はここに気を配る

部下を受容する姿勢で接する

■■ どんなきっかけで不調になるのか

　仕事の場においてメンタルヘルス疾患の原因となる事象としては、過重労働になっている、仕事を任せてもらえない、ノルマが厳しい、過度な期待をかけられる、パワハラ・セクハラを受けている、職場の人間関係が悪いなどといったことが挙げられます。ただ、通常はこのような事象に一度や二度遭遇したからといって突然発症するわけではなく、徐々にストレスが蓄積していくのが一般的です。最初は自分で体調の変化に気づいても、「頑張れば何とかなる」と無理をしがちですが、だんだんと業務に支障をきたすことも増えていきます。このような状態になると、いっぱいになったコップの水が一滴の水滴によってあふれ出すのと同様に、上司のささいな一言や人事異動による職場環境の変化、新しい仕事への着手などといったことがきっかけで、急激に悪化してしまうこともあるのです。

　管理監督者は、そのような事態をまねく前に、労働者のこころの健康状態を把握する必要があります。

■■ 本人の変化に気づくことが大切

　労働者がこころの健康を損なうようになると、業務上でもさまざまな変化が見られるようになります。一つひとつはささいな事象ですが、管理監督者は単に「やる気がない」「集中力が足りない」などと判断するのではなく、メンタルヘルス疾患の兆候かもしれないということを念頭に置いて部下を見ることが必要になります。特に次のような変化がないか、気をつけておくべきでしょう。

104

① 遅刻・早退・欠勤が増える

　メンタルヘルスに変調をきたすと、不眠が続いて朝起きられなくなったり、強い倦怠感を感じることが多くなります。このため、どうしても遅刻・早退・欠勤が増える傾向にあります。特に、今まで無遅刻無欠勤でまじめに勤務していた人が急に当日連絡で遅刻したり休んだりするようになった場合は、注意が必要です。

② 感情の起伏が激しい

　感情のコントロールができなくなるのも、メンタルヘルス疾患の特徴のひとつです。ささいなことで急に怒り出したり、泣き出す、ぼうっとしている時間が多くなる、昼食や飲み会などの誘いを断るようになるなどの現象が目につくようになります。

③ 業務上のミスが増える

　不眠や食欲減退などの症状が出始めると、どうしても集中力が低下し、必要な判断ができなくなります。このため、書類の記載ミスをしたり、電話やメールなどの連絡がきちんとできない、打ち合わせ時間を間違える、会議中に居眠りをしたり、ぼうっとして話を聞いていない、業務をスケジュールどおりに進行できないなど、業務に支障が出るようなミスを犯すことが多くなります。

■ 管理監督者が気を配ること ……………………………………

① 部下の話を聞く
② 客観的に問題点を把握する
③ サポート方法を具体的に考え、必要な対応策を示す

メンタルヘルス
疾　患

心　の　状　態　の　把　握
管　理　監　督　・　統　括

上　司　　　　　　　　　　　　　　　　　　部　下

第 3 章 ◆ メンタルヘルス対策と復職支援　　105

■■ どのように接したらよいのか

　では、ある労働者がメンタルヘルス上の問題を抱えていることに気づいた場合、管理監督者はその人とどのように接していけばよいのでしょうか。

　勤務態度の悪化や業務上のミスといったことが続くと、業務進行の都合や他の社員の手前もあって、どうしても強く非難したり、制裁を与えるなどの方法で接してしまいがちです。また、強く励ましたり、優しく諭して発奮させようとする場合もあるでしょう。

　もちろん、相手の労働者が心身ともに健康な状態であれば、そのような方法も一定の効果がありますが、メンタルヘルス上の問題を抱えている労働者の場合、それがかえってストレスになり、状態が悪化してしまうことも少なくありません。

　そこで必要なことは、まず相手の労働者の話を聞くということです。「何だ、そんなことか」と思われるかもしれませんが、ただ「大丈夫か」と声をかけたり、「何か悩みがあるなら話せ」と促すだけでは、相手は本音を話してくれませんし、途中で話をさえぎって説教を始めたり、自分の昔の武勇伝を話したりしてしまっては、相手に不満が残るだけです。また、相手の話を聞きはするものの、いっしょに「それはつらかっただろう」「困ったな」などと言うだけで何の対応策も示せないのでは効果がありません。

　管理監督者として部下を統括していくためには、メンタルヘルス上の問題を抱える労働者がいる場合、相手の立場になって会話をすることで本音を聞き出す、客観的に問題点を把握する、どのような形でサポートできるかを具体的に考え、必要な対応策を示すといった技術を身につけることが必要になります。

6 職場復帰支援の方法を知っておこう

復職まで段階的な支援を行う

■■ 休職から復職までの流れをおさえる

メンタルヘルス疾患が原因で休職（休業）した労働者がどのような流れで職場に復帰するかについては、厚生労働省が発表している「心の健康問題により休業した労働者の職場復帰支援の手引き」が参考になります。この手引きでは、休職から復職に至るまでの流れを5つのステップに分けて説明しています。

第1ステップは、「病気休業開始及び休業中のケア」になります。この段階でまず必要なことは、労働者による診断書の提出です。病気により休職する場合には、主治医が作成した診断書を労働者から提出してもらいます。診断書には病気休業を必要とすることや、職場復帰の準備を計画的に行えるよう必要な療養期間の見込みなどが記載されています。また、事業場内の保健スタッフによるケアも行います。保健スタッフは労働者の休業中の事務手続きなどを行います。

第2ステップは、「主治医による職場復帰可能の判断」になります。労働者から職場復帰の意思が伝えられると、事業者は労働者に対して主治医による職場復帰可能の判断が記された診断書を提出するよう伝えます。診断書には主治医の具体的な意見を記載してもらいます。

第3ステップは、「職場復帰の可否の判断及び職場復帰支援プランの作成」になります。スムーズな職場復帰のためには、必要な情報の収集と評価を行った上で職場復帰の可否を適切に判断し、職場復帰を支援するための具体的プランを準備しておくことが必要です。

第4ステップは、「最終的な職場復帰の決定」になります。職場復帰の可否についての判断と職場復帰支援プランの作成を経て、事業者

第3章 ◆ メンタルヘルス対策と復職支援　107

が最終的な職場復帰の決定を行います。この際、産業医（企業の内部で労働者の健康管理を行う医者）が選任されている事業場では、産業医の意見を参考にしながら、労働者の職場復帰のための手続きを進めて行きます。

第5ステップは、「職場復帰後のフォローアップ」です。心の健康問題にはさまざまな要因が重なり合っていることが多いため、たとえ周到に職場復帰の準備を行ったとしても、実際にはさまざまな事情から当初の計画通りに職場復帰が進まないことがあります。そのため労働者の職場復帰支援においては、職場復帰後の経過観察と臨機応変にプランの見直しを行うことが必要です。

以上の流れに沿って職場復帰を支援するためには、使用者と労働者が連絡を密にとり、現状把握に努めることはもちろん、産業医や主治医など医療関係者とのネットワークを確立すること、職場の上司や同僚に理解を求めることなどが必要になります。ただし、個人情報の保護には十分に配慮するようにしましょう。

■ 復帰支援の流れと各段階で行われること ……………………………

① **病気休業開始および休業中のケア**
↳ 労働者からの診断書の提出、管理監督者によるケアなど

② **主治医による職場復帰可能の判断**
↳ 産業医などによる精査、主治医への情報提供など

③ **職場復帰の可否の判断および職場復帰支援プランの作成**
↳ 情報の収集と評価、職場復帰の可否についての判断、職場復帰支援プランの作成

④ **最終的な職場復帰の決定**
↳ 休職していた労働者の状態の最終確認など

⑤ **職場復帰後のフォローアップ**
↳ 職場復帰支援プランの実施状況の確認、治療状況の確認など

7 職場復帰についてこれだけはおさえておこう

さまざまな方向からのサポートが必要である

■■ 法律上はどのような基準があるのか

　労働者がメンタルヘルス疾患により休職している場合、メンタルヘルス疾患が治癒した場合には、労働者を職場に復帰させる必要があります。具体的には、労働者が雇用契約上の労務提供義務を果たせる状態になったときに、労働者を職場に復帰させます。労働者と会社とは雇用契約を締結していますが、雇用契約における義務を果たせるのであれば、労働者に働いてもらっても問題はないため、この段階で労働者は職場復帰します。

　ただし、労働者を職場に復帰させたとしても、メンタルヘルス疾患が再発しないように、労働者に配慮する必要があります。

■■ 医師から診断書だけで安心してはいけない

　メンタルヘルス疾患が原因となって休職している社員を復帰させるかどうかは、原則として医者の診断書をみて決定します。専門家である医者の意見を尊重して、労働者の復帰時期を決定することは妥当な方法です。

　しかし、労働者を診断している医者は、会社の状況などを把握しているわけではありません。労働者がどのような仕事をしているか、労働者の負担になる仕事が行われるのかといったことは、会社の関係者のみが理解しています。そのため、労働者の職場復帰を決定する際には、医者の意見を鵜呑みにすべきではありません。専門家である医者の意見を取り入れつつも、会社としての意見を医者に伝えることで、労働者の復帰時期を決定することが大切です。

第 3 章 ◆ メンタルヘルス対策と復職支援　　109

■■ リハビリ勤務はどのように行う

　メンタルヘルス疾患にかかった労働者を復職させるために、段階的に労働者にかかる仕事上での負担を増やしていくことをリハビリ勤務といいます。メンタルヘルス疾患にかかった労働者が復職する際に、最初から以前と同じような仕事をこなすよう要求することは、ある程度の期間仕事から離れていた労働者にとっては大きな負担となってしまいます。そのため、復職した直後は負担の軽い仕事を行ってもらい、徐々に仕事の量を増やして、段階的に元の状態に戻していくことが必要になります。

　具体的には、勤務時間を短縮した状態で復職してもらったり、仕事量を減らすことになります。勤務時間が長くなると、労働者にとっては負担となります。そのため、復職した最初の１週間は半日勤務とするなど、勤務時間の面で労働者に負担がかからないように配慮します。

　また、勤務時間を減らしたとしても、仕事量が多ければ労働者にとっては負担になります。そのため、復職当初の仕事量は、通常の半分程度にするなどの配慮をすることが必要です。

　仕事の量だけではなく、仕事の内容面でも労働者に配慮することが必要です。たとえば、裁量権の広い仕事は労働者が自由に決定できる事項が多いのですが、その分労働者の責任が重くなります。重い責任がかかることは労働者にとっては負担になりますので、復職当初の労働者には裁量権の狭い仕事を与えるといった配慮が必要になります。

　なお、これらのことは、労働者の意向や医者の意見も取り入れながら決定します。労働者に意欲があるようでしたら積極的に仕事を与えていくべきですし、ドクターストップがかかるようでしたら負担の大きい仕事を回してはいけません。

■■ 復職する際の方針を決めておく

　メンタルヘルス疾患から復帰する労働者に対しては、復職後の会社

としての対応方針を示しておくことが必要です。職場から離れていた期間が短い場合には、労働者もすぐに職場に復帰できる可能性が高いので、会社としての方針を特別に決めておく必要性は低いといえます。しかし、長期間職場から離れていた労働者の場合、職場復帰のために段階的なステップを踏むことになるので、会社としての方針を決めておく必要があります。

　まず決めておくべきことは、労働者が当初の復職計画の通りに出勤できていないときに、会社としてどう対応するかについてです。

　メンタルヘルス疾患にかかった労働者は、会社に出勤することも難しい状態から復職してくるので、当初の復職計画通りに出勤できない可能性があります。そのような事態に備えるために、復職後に欠勤した場合にどうするか、労働者と会社との間で取り決めをしておくことが必要です。具体的には、どのような場合には有給休暇の扱いとするか、医師の診断書の提出を必要とするのはどのような場合か、といっ

■ 労働者が職場復帰する場合に会社が注意すべきこと

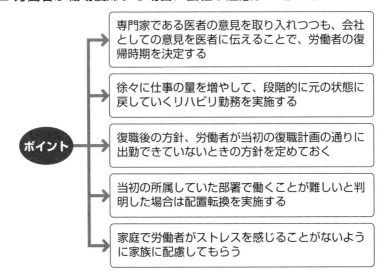

第3章 ◆ メンタルヘルス対策と復職支援　111

たことを詳しく決めておきます。

　また、復職後の労働者に与える仕事の内容についても、あらかじめ会社で方針を定めておきます。たとえば、復職後の労働者に対する仕事の進捗状況の管理は誰が行うかといったことや、仕事が過度な負担となっていないかについての労働者と話し合う機会をどのくらいのペースで設けるかといったことを決めておきます。

■■ 家族や人事労務担当などのサポートも大切

　メンタルヘルス疾患にかかった労働者が職場に復帰する際には、人事労務担当者や労働者の家族のサポートも必要です。

　人事労務担当者は、会社全体として復職した労働者をどのようにサポートするかを決定します。たとえば、復職した労働者が、当初の所属していた部署で働くことは難しいと判明した場合には、その労働者を他の部署に配置転換します。そして、労働者が仕事に慣れて当初の部署に戻っても問題ないようであれば、労働者を元の部署に戻します。また、会社内に医療スタッフがいる場合には、医療スタッフと労働者がよく話合いをすることが必要です。

　また、労働者の家族には、職場外で労働者をサポートしてもらいます。メンタルヘルス疾患は、職場内での出来事だけでなく、家庭内でのことも原因となって発症している可能性があります。そのため、家庭で労働者がストレスを感じることがないように家族に配慮してもらうことが必要です。特に、女性の労働者であれば、家庭で家事をこなさなければならないかもしれませんが、家事が大きな負担となっている可能性があります。そのため、家族には家事の負担が大きくならないように配慮してもらう必要があります。さらに、普段の生活が乱れていると、労働者の健康に悪影響がでてしまいます。そのため、労働者の家族には、労働者が規則正しい生活を送るようなサポートもしてもらいます。

8 復職後の業務遂行の仕方について知っておこう

徐々に復職できるような体制を作る

■■ どんなことに気をつけたらよいか

メンタルヘルス疾患を発症して休職（休業）をしていた労働者が復職する場合、そのまま元の職場に戻せばよいのかというと、そうではありません。もちろん、元の職場に戻れるケースもありますが、職場の人間関係や労働環境がきっかけでメンタルヘルス疾患を発症した場合、状況が変わっていなければ、せっかく完治していても再度発症してしまうことがあるからです。

また、その点を考慮して別の部署に配属したとしても、すぐにフルタイムでバリバリ働けるとは限りません。メンタルヘルス疾患の治療には時間がかかることが多く、休職期間が終わってからも治療が必要な場合があるからです。

本人も、迎える職場側も、できるだけ早く元のように働き、業績を上げていきたいというのが本音だと思われますが、無理をして復職するとかえって問題が大きくなることもあります。このため、復職後の業務遂行に際しては、次のような点に留意しながら進めていくことが求められます。

① 安定して勤務ができるか

決められた時間に出勤できることが、まず第一歩です。フレックスタイム制を利用したり、短時間労働にする、配属先を負担の軽い部署に変えるなどの対応をして、徐々に慣れてもらうようにするとよいでしょう。

実際の業務を始める前に、試しに時間通りに出勤し、特に業務は行わず、本を読んだりレポートを書いたりして勤務時間を過ごしてみる

第3章 ◆ メンタルヘルス対策と復職支援 **113**

という試し出勤制度を設けるのも一つの方法です。

② 予定を立て、それに沿って業務が進められるか

　自分で業務の負担をコントロールできるかどうかは、仕事を任せる上でも、メンタルヘルスの面でも、非常に大きなポイントとなります。

　復職したばかりの人はなかなかペースがつかめず、必要な仕事量をこなせなかったり、「早く信頼を取り戻さなければ」「本当に復帰できるのか」といった焦りと不安から、やたらとたくさんの仕事を引き受けようとすることがあります。

　まずは業務を行う前にスケジュールを立ててもらい、上司がそのとおりに無理なく進めることができているかを確認しながら進めていく体制をとるとよいでしょう。

③ 問題が発生した際に相談ができるか

　進捗が滞っていたり、ミスをしてしまった場合、できるだけ迅速に相談・報告して対応策を考えることが必要ですが、復職したばかりの人は正しい判断ができなくなっていることがあります。また、体調不良を感じていても、なかなか自分から言い出せない場合もあります。

　そのため、上司（管理監督者）がヒアリングの場を設けたり、定期的に産業医等の専門スタッフのカウンセリングを受けるように促すことが必要です。

■ 復職後の業務遂行の評価ポイントと注意点 …………………………

ポイント		注意点
○安定した勤務ができるか	→	試し出勤制度などで様子を見る
○予定通りに業務を進められるか	→	上司が確認しながら進めていく体制をとる
○トラブル発生時に相談できるか	→	定期的なヒアリング、カウンセリングの機会の設置

相談 メンタルヘルス疾患の再発

Case メンタルヘルス疾患を理由に休職していた社員が復職計画通りに復職しましたが、その後メンタルヘルス疾患が再発した場合、会社はどのように対応すべきでしょうか。

回答 メンタルヘルス疾患は、完治したと見られていても、その後に再発する可能性があります。特に、復職直後は仕事をすることに慣れていないため、メンタルヘルス疾患が再発する危険性が高いようです。そのため、メンタルヘルス疾患が再発しないよう慎重な対応が必要とされ、仮にメンタルヘルス疾患が再発してしまった場合には疾患を悪化させないような措置を講じる必要があります。一概にメンタルヘルス疾患からの復帰といっても、その形態は一律ではありません。直接、休職以前に就いていた業務に復帰できる程度に回復することもありますが、場合によっては、軽度な業務から慣らしていき、段階的な復帰を行うことで再発防止に役立つこともあります。

メンタルヘルス疾患が再発した場合の対応策としては、業務の負担を軽減したり、再び労働者を休職させるなどの措置を講じることになります。どのような措置を講じるべきかについては、主治医の意見を参考にしながら決定します。

本人ができると判断したとしても、医者など周囲の人間から見て本人の負担が大きいと考えられる場合には、本人にブレーキをかけることが必要です。また、当初の復職計画通りに職場に復帰するケースでも、メンタルヘルス疾患の場合はさまざまな要素が組み合わさって発症の原因となるものです。計画通りに治療が進んでいたとしても途中で疾患が再発することは十分に考えられます。そのため、当初の復職計画に捉われずに、適切な措置を講じることが必要になります。

メンタルヘルス疾患にかかった労働者が復職と休職を繰り返してい

第３章 ◆ メンタルヘルス対策と復職支援　115

る場合には、復職計画は慎重に策定する必要があります。何度も復職しようと努力しているにもかかわらず、そのたびにメンタルヘルス疾患を再発してしまうと、労働者は不安感や焦りを感じてしまいます。労働者が、「またメンタルヘルス疾患が再発したらどうしよう」と感じてしまうと、それがさらにメンタルヘルス疾患を悪化させる原因になります。

労働者が復職と休職を繰り返している場合には、不安感の増大がさらなる症状の悪化を招かないようにするため、復職計画の構築の際に会社側に配慮してもらうように相談してみましょう。

●あらかじめ就業規則に定めておくとよい

可能であれば、あらかじめメンタルヘルス疾患を原因とする休職や休業について就業規則に規定を設けておきましょう。どのような場合が休職事由や休業事由に該当するのかを就業規則に明記しておければ、従業員は就業規則を参考にしてメンタルヘルス疾患に対応することができます。

また、メンタルヘルス疾患のおそれがある場合には医者の診断を受けなければならない、といったことも就業規則に記載します。これにより、会社として労働者に対して医者の診断を受けるよう命じることができます。

■ 考えられる対応策と問題点

職場復帰したばかりの労働者に対して	→ 作業内容や作業量の軽減を図る
制度を悪用する労働者について	→ 解雇を検討する
病気・ケガが完治していなかった場合	→ 再度の休職を命じる

第4章

メンタルヘルスと
社会保険・労働保険

　本章では、メンタルヘルスやパワハラ・セクハラを受けた場合と業務災害の関係を中心に、事業者が知っておかなければならない労災保険や健康保険についての基本的な知識と、被災した労働者が行う請求手続、被災労働者が死亡した場合に遺族が行う遺族補償金の請求手続について取り上げています。

1 メンタルヘルスと業務災害の関係について知っておこう

業務災害にあった労働者に保険金が支払われる

■■ 業務災害とは

業務災害とは、労働者が業務中に病気になったり、ケガを負ったり、あるいは死亡してしまうことをいいます（労災保険法7条）。

たとえば、取引先に移動している途中に交通事故に遭ってケガをしたような場合が業務災害の典型例ですが、メンタルヘルス疾患が業務災害として認められる可能性もあります（120ページ）。

■■ 労災保険との関係は

労働者災害補償保険法は、仕事中の事故が業務災害に該当する場合に、労働者に対して保険金を給付することを定めています。具体的には、労働者が業務災害に遭った場合には、①療養補償給付、②休業補償給付、③障害補償給付、④遺族補償給付などの内容の給付金を交付することになっています（労災保険法12条の8）。

労働者災害補償保険法における業務災害に該当するかどうかは、業務に起因して生じた事故であるかという点や、業務を遂行する上で生じた事故であるかどうかという点を考慮して判断することになります。

たとえば、職場での休憩時間中に起きた事故は、作業をしているときに起こった事故ではありませんが、事業主の支配下にある状態で起きた事故であるとして、業務災害に該当するとされています。

ただし、まったくの私的な活動の中で起こった事故は業務災害には該当しないとされています。たとえば、会社の仲間とスポーツをしていて起こった事故などは、業務とは関係のないところで起こった事故ですので、業務災害とは認められません。

118

保険の給付を受ける上で業務災害に該当するかというのは重要な要素となっていますが、業務災害に該当するのかどうか判断が難しい場合もあります。そのため、実際には、ケース・バイ・ケースで労働災害に該当するかどうかを判断していくことになります。

■■ どんな責任が発生するのか

　労働者が業務災害を被ったために、労働者が負傷したり、病気にかかった場合には、事業者は療養のために必要な費用を、療養補償として労働者に対して支払わなければならないとされています（労働基準法75条）。

　労働者が療養のために勤務ができなかった場合、事業者は労働者に対して休業補償を支払わなければなりません。この休業補償の額は、賃金の額の60％になります（労働基準法76条）。労働者に身体の障害が残った場合、事業者は障害補償も支払う必要があります（労働基準法77条）。

　さらに、労働者が死亡した場合、事業者は労働者の遺族に対して遺族補償を支払うことになります（労働基準法79条）。遺族補償の額は賃金の1000日分になります。

　ただし、ここで挙げた療養補償、休業補償、障害補償、遺族補償は、労働者災害補償保険法に基づいて補償がなされる場合には、事業者は労働者に対してこれらの補償をする必要はありません（労働基準法84条）。

　補償以外に事業主に課される義務としては、解雇の制限があります。労働者が業務災害に遭った場合、労働者が療養したり休業している期間はもちろん、その期間が終わってからも30日間は労働者を解雇することは禁止されています（労働基準法19条）

　また、会社に損害賠償義務が課されることもあります。前述した4つの補償については、労働者が業務災害を被った場合には会社が必ず

支払わなければならないものです。しかし、業務災害が生じたことについて会社に過失がある場合、会社は補償に加えて損害賠償も労働者に対して支払う必要が出てきます（民法415条、709条）。

■■ メンタルヘルスの業務災害の認定基準について

メンタルヘルスはどのような場合に業務災害に該当するかについては厚生労働省が発表している、「心理的負荷による精神障害の認定基準」という指針が参考になります（93ページ）。

「心理的負荷による精神障害の認定基準」の中では、新たに労働者の心理に負担がかかる場面を類型化して示しています。また、場面を類型化するだけでなく、その中でも労働者にかかる心理的負荷の程度に応じて「弱」「中」「強」に分けて具体例を呈示しています（94ページ図）。業務による強い心理的負荷が認められるような場合には、業務中の疾病として、労災に該当する可能性も生じます。

たとえば、仕事上のノルマを達成できないことは、労働者にとって心理的に負担となる出来事です。この中でも、ノルマが会社から強く求められていたものでなかった場合には、労働者にかかる心理的な負荷の度合いは「弱」、ノルマが達成できなかったために昇進を遅らされるなどペナルティを課された場合には労働者にかかる負荷は「中」、経営に影響するようなノルマを達成できず、そのために左遷された場合には労働者にかかる負荷は「強」であるとされています。

そして、労働者にかかる心理的負荷の程度が「強」であると判断されれば、原則としてメンタルヘルスが業務災害であると認定されます。また、心理的負荷の程度が「中」や「弱」であっても、状況によっては業務災害と認定されます。

なお、労働者にかかる負荷がどの程度かについては、さまざまな要素を総合的に考慮して判断することになります。たとえば、一つひとつの事実を見れば、労働者には「中」程度の心理的負荷しかかかって

いないと判断できるような場合でも、それが積み重なって労働者の心理的負担が増大しているような場合には、「強」程度の心理的負荷がかかっているものと判断されることになります。

　事業者としてはこの指針を参考にして、メンタルヘルスが業務災害に該当するかどうかを判断していくのがよいでしょう。特にメンタルヘルスに基づく業務災害では、労働者のストレスが専ら業務によるストレスといえるのか、私生活上の各種ストレスが関連しているのかを判別することが困難であるという特色があります。

■ 労働者にかかる心理的な負荷の度合いが「強」とされるおもなケース……

主な出来事	「強」と判断される主な場合
ノルマ未達成	経営に影響するようなノルマを達成できず、そのために左遷されたような場合
退職強要	退職の意思のないことを表明した場合において、執拗に退職を求められるような場合
配置転換	過去に経験した業務とまったく異なる業務に従事することとなり、配置転換後の業務に対応するために多大な労力を要したような場合
嫌がらせ、いじめ	上司の言動が業務指導の範囲を逸脱していて、人格や人間性を否定するような言動が含まれ、そのような言動が執拗に行われたような場合
上司とのトラブル	業務方針などについて、上司との間に周囲からもはっきり認識されるような大きな対立が生じ、その後の業務に大きな支障が生じた場合
セクシュアルハラスメント	・胸や腰などへの身体接触を含むセクシュアルハラスメントが継続して行われたような場合 ・身体接触のないケースであっても性的な発言が継続してなされ、かつ会社がセクシュアルハラスメントの事実を把握していても適切な対応をせず、事態の改善がなされなかった場合

※厚生労働省「心理的負荷による精神障害の認定基準」の業務による心理的負荷評価表を基に作成

第4章 ◆ メンタルヘルスと社会保険・労働保険　　121

2 労災保険の請求手続きについて知っておこう

支給または不支給の決定をするのは労働基準監督署長

■■ 申請手続きのしくみ

労働災害が発生したときには、本人またはその遺族が労災保険給付を請求することになります。保険給付の中には傷病（補償）年金（129ページ）のように職権で支給の決定を行うものもありますが、原則として被災者や遺族の請求が必要です。労災の保険給付の請求は、2年以内（障害給付と遺族給付の場合は5年以内）に被災労働者の所属事業場の所在地を管轄する労働基準監督署長に対してしなければなりません。

労働基準監督署は、必要な調査を実施して労災認定した上で給付を行います。なお、「療養（補償）給付」については、かかった医療機関が労災保険指定病院等の場合には、「療養（補償）給付たる療養の給付請求書」（130ページ）を医療機関を経由して労働基準監督署長に提出します。その際、療養費を支払う必要はありません。しかし、医療機関が労災保険指定病院等でない場合には、いったん、医療費を立て替えて支払わなければなりません。その後「療養（補償）給付たる療養の給付請求書」を直接、労働基準監督署長に提出し、現金給付してもらうことになります。

被災者などからの請求を受けて支給または不支給の決定をするのは労働基準監督署長です。この決定に不服がある場合には、都道府県労働基準局内の労災保険審査官に審査請求をすることができます。審査官の審査結果にさらに不服があるときは厚生労働省内の労働保険審査会に再審査請求ができます。労働保険審査会の裁決にも不服がある場合は、その決定の取消を求めて、裁判所に行政訴訟を起こすことにな

122

ります。

労災の給付は誰が申請するのか

　労災保険法に基づく保険給付等の申請ができるのは、本人かその遺族です。

　ただし、労働者がみずから保険給付の申請その他の手続を行うことが困難な場合には事業主が手続きを代行することができるため、実際には会社が手続きを代行して労災申請するケースが多いようです。

　「会社が不当に労災の証明に協力しない」というような場合には、本人がその旨の事情を記載して労働基準監督署に書類を提出することになるため、労働者の請求には誠実に対応する必要があります。

　また、労災給付を受けるためには所定の手続きをすることが必要です。

■ 労災認定の申請手続き

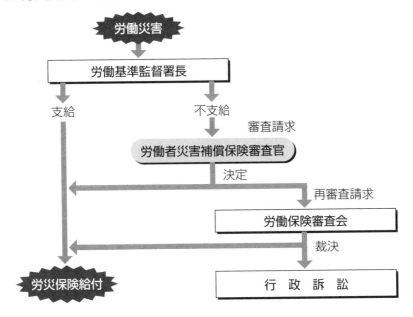

第4章 ◆ メンタルヘルスと社会保険・労働保険　　123

これらの手続きの詳細については175ページ以降で説明します。

■■ 労災申請されたときの会社の対応

労災の療養補償給付では、負傷または発生の年月日、負傷または発症の時刻、災害の原因と発生状況について会社の証明が必要とされています。

労働災害であることについて疑いようがないようなケースであれば、会社としても労災の証明に応じることになるでしょう。

しかし、労災であることがはっきりとはわからないような場合には、対応を検討しなければなりません。特に、メンタルヘルスの場合には原因がわかりくいこともあります。労働者側が「過度の業務や上司の圧力が原因でメンタルヘルス疾患になった」と主張してきたとしても、会社としては「本当に業務だけが原因なのだろうか」「プライベートな事柄にも何か問題があったのではないだろうか」などと考えることもあります。

ただし、はっきり労働災害とは思われないからといって、直ちに労災の証明を拒絶するのは、労働者との労働トラブルを引き起こす可能性があるため、避けた方がよいでしょう。反対に、労働災害でない可能性が高い場合にまで安易に労災の証明をしてしまうと、虚偽の証明をしたことを理由に徴収金の納付を命じられることもあります（労災保険法12条の３）。

被災した労働者側の考えと異なる部分についてはその旨を記載することができますので、会社側としては顧問弁護士や社会保険労務士に相談した上で、記載方法や対応などを検討するのがよいでしょう。

労災にあたるかどうかについては、提出された書類を基に労働基準監督署が判断することになりますので、最終的には労働基準監督署の判断に従うことになります。

3 健康保険について知っておこう

労働者が業務外でケガ・病気・死亡・出産した場合に給付を行う

■■ 健康保険とは何か

　社会保険の実務では、通常、労働者災害補償保険と雇用保険を労働保険と呼び、健康保険、厚生年金保険、介護保険などのことを社会保険と呼びます。社会保険のうち、健康保険は医療保険であり、厚生年金保険は年金保険です。健康保険と厚生年金保険は給付の目的や内容は異なっていますが、適用事業所など多くの部分で共通点があることから、手続きをいっしょに行うケースも多くあります。

　健康保険を管理・監督するのは、全国健康保険協会または健康保険組合です。これを保険者といいます。これに対し、健康保険に加入する労働者を被保険者といいます。さらに、被保険者に扶養されている一定の親族などで、保険者に届け出た者を被扶養者といいます。

　健康保険は、被保険者と被扶養者がケガ・病気をした場合や死亡した場合、さらには分娩した場合に必要な保険給付を行うことを目的としています。健康保険の納付内容は、次ページの図の通りです。業務上の災害や通勤災害については、労災保険が適用されますので、健康保険が適用されるのは、業務外の事故（災害）で負傷した場合に限られます。

■■ 社会保険の適用事業所

　健康保険と厚生年金保険は必ず同時に加入しますので、健康保険の適用事業所と厚生年金保険の適用事業所は原則として同じです。社会保険は事業所単位で適用されます。事業所というのは、本店（本社）の他、支店、出張所、工場などがそれぞれ適用事業所となります。た

第4章 ◆ メンタルヘルスと社会保険・労働保険　　125

だ、出張所や工場などで社会保険の事務を処理することができないような場合は、本社で一括して事務処理を行うこともできます。

　社会保険の適用事業所は、①強制適用事業所と、②任意適用事業所の２つに分類することができます。

　強制的に社会保険が適用される事業所を強制適用事業所といいます。

　会社などの法人の場合は、事業の種類に関係なく代表取締役１人の場合でも、社会保険に加入しなければなりません。一方、個人事業主の事業所の場合は、法人と異なり強制的にすべての事業者が社会保険に加入しなければならないわけではありません。個人の事業所の場合、一定の業種（工業や金融業などの16業種）の事業所で、５人以上の労

■ 健康保険の給付内容 ……………………………………………

種　　類	内　　容
療養の給付	病院や診療所などで受診する、診察・手術・入院などの現物給付
療養費	療養の給付が困難な場合などに支給される現金給付
家族療養費	家族などの被扶養者が病気やケガをした場合に被保険者に支給される診察や治療代などの給付
入院時食事療養費	入院時に提供される食事に要した費用の給付
入院時生活療養費	入院する65歳以上の者の生活療養に要した費用の給付
保険外併用療養費	先進医療や特別の療養を受けた場合に支給される給付
訪問看護療養費	在宅で継続して療養を受ける状態にある者に対する給付
高額療養費	自己負担額が一定の基準額を超えた場合の給付
移送費	病気やケガで移動が困難な患者を移動させた場合の費用給付
傷病手当金	業務外の病気やケガで働くことができなくなった場合の生活費
埋葬料	被保険者が業務外の事由で死亡した場合に支払われる給付
出産育児一時金	被保険者およびその被扶養者が出産をしたときに支給される一時金
出産手当金	産休の際、会社から給料が出ないときに支給される給付

働者（個人の場合、事業主本人は加入できないため、5人の中には含みません）がいるときに社会保険の適用事業所となります。

健康保険の被保険者・被保険者になる人とならない人

適用事業所で働く者は、原則として常時使用される者であって、75歳未満の者は、たとえ、会社の代表取締役や常勤の役員であっても被保険者になります。代表者や役員も法人に使用されるものと考えるため、代表者などの役員が必ず被保険者になるわけではありません。

非常勤役員は、対象外です。パートタイマーやアルバイトなどの労働者は、必ずしも被保険者となるわけではありません。アルバイトやパートタイマーについては、1週間の所定労働時間および1か月の所定労働日数が同じ事業所で同様の業務に従事している一般社員の4分の3以上である方は社会保険の加入対象となり、被保険者となります。

また、健康保険において被扶養者になる人は、おもに被保険者に生計を維持されている者です。生計を維持されているかどうかの判断のおおまかな基準は、被扶養者の年収が130万円未満（60歳以上の者と障害者については180万円未満）で、被保険者の年収の半分未満であるかどうかです。

被扶養者には、①被保険者に生計を維持されていることだけが条件になる者と、②生計の維持と同居（同一世帯にあること）していることの2つが条件となる者の2通りがあります。

被保険者の直系尊属（父母や祖父母）、配偶者、子、孫、兄弟姉妹については、被保険者との間に「生計維持関係」があれば、被扶養者として認められます。一方、被保険者の3親等以内の親族で①に挙げた者以外の者については、被保険者との間に「生計維持関係」と「同一世帯」があれば被扶養者として認められます。

第4章 ◆ メンタルヘルスと社会保険・労働保険　　127

4 パワハラやセクハラが原因で治療を受けたときの届出

無料で治療を受けることができる

■■ 無料で治療が受けられる

業務中の事故が原因で労働者がケガをし、または病気にかかり、指定病院（労災保険が使える病院）で診てもらった場合、「療養の給付」として、無料で治療が受けられます。セクハラやパワハラによるメンタルヘルスも、労災と認められた場合には対象となります。

療養の給付の内容としては、治療費の他、入院料や介護の費用など通常療養で必要な費用も含まれます。また、原則としてケガや病気が治るまで給付を受けることができます。

【請求手続】

治療を受けている医療機関（病院など）に、業務災害であれば「療養補償給付たる療養の給付請求書（130ページ）」を提出します。

添付書類は特にありません。

【ポイント】

労災の指定薬局で薬をもらった場合は、「療養（補償）給付たる療養の給付請求書」を別に労災の指定薬局に提出する必要があります。

申請書の書き方について不明点などがある場合には社会保険労務士などに相談するのがよいでしょう。

■■ 障害が残ったときの給付

セクハラやパワハラなどによるメンタルヘルス疾患で治療を受けた場合に、病気が治った（治癒）としても、一定の障害が残ってしまうことがあります。そのような場合にその障害の程度に応じて支給される労災保険の給付が障害補償給付です。

ここでいう「治ったとき」とは、完治や全快ということではなく、傷病の症状が安定して、これ以上治療を行っても症状が良くも悪くもならない状態になったことを意味します。

　障害補償給付を請求する場合、障害補償給付支給請求書に必要事項を記入した上で、被災労働者の所属事業場の所在地を管轄する労働基準監督署に書類を提出することになります。

　障害（補償）給付は、障害の程度によって1〜14等級の障害等級にわかれます。第1級から第7級に該当した場合には障害（補償）年金が支給されます。第8級から第14級に該当した場合には障害（補償）一時金が支給されます。第1級〜第7級の場合は給付基礎日額の313日〜131日分の障害（補償）年金、第8級〜第14級の場合は給付基礎日額の503日〜56日分の障害（補償）一時金が支給されます。

　また、障害（補償）年金が支給される者には障害特別支給金と障害特別年金が支給され、障害（補償）一時金が支給される者には障害特別支給金と障害特別一時金がそれぞれ支給されます。

■■ 傷病補償年金とは

　メンタルヘルス疾患の療養開始後1年6か月が経過し、なおその傷病が治癒せず、障害の程度が傷病等級の第1級から第3級に該当する場合には、傷病補償年金が支給され、休業補償給付は打ち切られます。

　障害の程度によって、給付基礎日額（原則として、災害発生日直前の3か月間に被災した労働者に支払われた賃金総額を、その期間の歴日数で割って算出したもの）の給付基礎日額の245日分〜313日分が支給されます。

　前述した障害補償年金や傷病補償年金の場合、一定の障害が残ることが支給要件とされているため、メンタルヘルス疾患では受給できるとは限りませんが、労災にこのような制度があるということは知っておく必要があるでしょう。

第4章 ◆ メンタルヘルスと社会保険・労働保険　　129

書式　療養補償給付たる療養の給付請求書

書式　療養補償給付たる療養の費用請求書

第4章 ◆ メンタルヘルスと社会保険・労働保険

5 業務上のパワハラやセクハラが原因で休業したときの届出

労働者の休業中の生活費が支給される

■■ 休業補償給付と休業特別支給金が支給される

　業務中のセクハラやパワハラなどが原因でメンタルヘルス疾患になり、会社を休職し、給料を受けられない場合、労働者は労災保険から休業補償給付を受けることができます。この場合、休業した日の4日目から給与の補償として休業補償給付と休業特別支給金が支給されます。支給額は次のとおりです。

　休業（補償）給付　＝　給付基礎日額の60％　×　休業日数

　休業特別支給金　＝　給付基礎日額の20％　×　休業日数

【請求手続】

　休業補償給付支給請求書（136ページ）に治療を受けている医師から労務不能であった期間の証明を受け、管轄の労働基準監督署に提出します。休業補償給付支給請求書を記載していく中で重要なのが「発生原因及び発生状況」の項目です。書式においては、数行に渡り罫線が引かれており、①どのような場所で、②どのような作業をしているときに、③どのような物・環境によって、④どのような有害な状態があって⑤どのような災害が発生したのか、について、詳細に記入することができるようになっています。特にメンタルヘルスに基づく労災認定を受ける上では、業務上の出来事が、どの程度心理的負荷につながったのかを明らかにする必要があります。そのため、単に会社で嫌がらせやいじめを受けたなどと記載するのではなく、具体的にどのような職場環境において、当該労働者が職務上いかなる立場にあって、

第4章 ◆ メンタルヘルスと社会保険・労働保険　　133

どのような業務を行っている過程で発生した心理的負荷が、メンタルヘルス疾患の発症につながったのかがわかるように詳細に記載するとよいでしょう。あわせて、メンタルヘルスに変調をきたしたと記載するのみではなく、病院等で具体的に「うつ病」などの診断を受けている場合には、診断を受けた日時等を明らかにしながら記載することで、スムーズな労災認定につながることもあります。また、休業特別支給金は、休業補償給付支給請求書と同一の用紙で同時に請求を行うことができます。

【添付書類】
①出勤簿
②賃金台帳

【ポイント】

休業の期間が長期になる場合は、1か月ごとなど期間を区切って請求することもできます。

休業してから3日間（待期期間といいます）は、休業（補償）給付は支給されません。ただ、業務災害の場合は事業主が待機期間の3日分を補償しなければなりません。その額は、平均賃金の60％以上とされています。

待期期間の3日間は、連続していても断続していてもかまいません。

休業日の初日は治療を受け始めた日になります。ケガの発生が所定労働時間内であり、その途中で勤務を切り上げて早退し、病院で治療を受けた場合はその日が休業の初日になります。ただし、ケガの発生が所定労働時間外の場合や終業後に病院で治療した場合などは、その日の翌日が休業日の初日となります。

平均賃金算定内訳の計算方法は、原則として、業務中の災害によるケガや病気の原因となった事故が発生した日の直前3か月間に、その労働者に対して支払われた給料の総額をその期間の暦日数で除した金額です。なお、給料の締切日があるときは災害発生日の直前の給料の

締切日からさかのぼった3か月間になります。㉝欄については、メンタルヘルスやうつ病など、発症年月日が明確にわからない場合には記載方法を提出先の労働基準監督署に確認するようにしてください。

書式の⑲の療養のため労働できなかった期間とは、病院などで療養を受けていて休業していることが前提になります。そのため、病院にかからず自宅療養をしている場合は支給の対象になりません。

休業（補償）給付支給請求書には、事業主の証明が必要になりますが、2回目以降の請求が退職後の場合は証明欄の記入は必要ありません。

平均賃金算定内訳（138ページ）のAの賃金は、労働日数に関係なく一定の期間に支払われた賃金を記入します。月給制の人の基本手当や職務手当などがこれに該当します。Bは労働日数や労働時間数に応じて支払われた賃金を記入します。日給制の人の基本給や時間外手当などがこれに該当します。なお、2回目以降の請求の場合、様式第8号の裏面の㉜欄から㊲欄（137ページ）と、平均賃金算定内訳については記入の必要がありません。

治療を受けている医師に証明を書いてもらうわけですが、記載もれがある場合もありますので、労働基準監督署に提出する前に再度見直すようにします。

■ 休業（補償）給付のしくみ

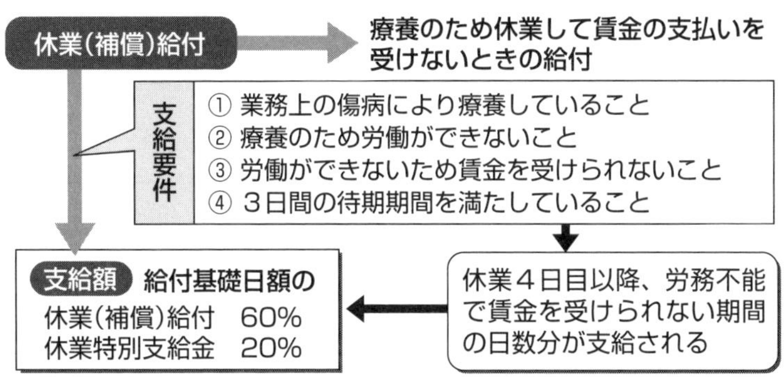

書式　休業補償給付支給請求書

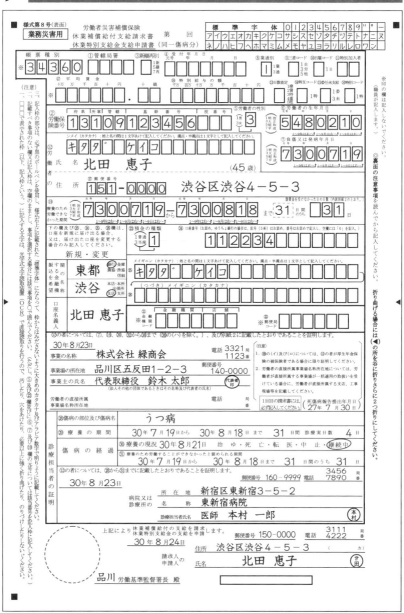

様式第8号（裏面）

〔注　意〕

㉜ 労働者の職種	㉝ 負傷又は発病の時刻	㉞ 平均賃金（算定内訳別紙1のとおり）
事務職	午前 7 時 00 分頃	10,197 円 80 銭

㉟ 所定労働時間	午前 9 時 00 分から 午後 5 時 00 分まで	休業補償給付額、休業特別支給金額の改定比率（平均給与額証明書のとおり）

㊲ 災害の原因及び発生状況　(あ) どのような場所で (い) どのような作業をしているときに (う) どのような物又は環境に (え) どのような不安全な又は有害な状態があって (お) どのような災害が発生したかを詳細に記入すること

7月19日午前7時頃、自宅にて出勤準備をしていたところ、
悲しい気持ちになった。頭痛もあったことから会社を休み、
受診したところ「うつ病」と診断された。
同僚が退職したことで業務量が増え、この1年間毎月100
時間以上の残業をしており、社員対応でも強いストレスを感
じていた。

㊳ 厚生年金保険等の受給関係

(イ) 基礎年金番号		(ロ) 被保険者資格の取得年月日	年　月　日
(ハ) 当該傷病に関して支給される年金の種類等	年金の種類	厚生年金保険法の　イ　障害年金　ロ　障害厚生年金 国民年金法の　ハ　障害年金　ニ　障害基礎年金 船員保険法の　ホ　障害年金	
	障害等級		級
	支給される年金の額		円
	支給されることとなった年月日	年　月　日	
	基礎年金番号及び厚生年金等の年金証書の年金コード		
	所轄年金事務所等		

表面の記入枠を訂正したときの訂正印欄	削　　字	印
	加　　字	

社会保険労務士記載欄	作成年月日・提出代行者・事務代理者の表示	氏　　名 印	電話番号

第4章 ◆ メンタルヘルスと社会保険・労働保険　　137

様式第8号（別紙1）　（表面）

労　働　保　険　番　号					氏　　　　名	災害発生年月日
府県	所掌	管轄	基幹番号	枝番号	北田　恵子	30年 7月 19日
13	1	09	123456			

平均賃金算定内訳

（労働基準法第12条参照のこと。）

雇　入　年　月　日				19 年 12 月 1 日		常用・日雇の別		（常 用）　日 雇		
賃　金　支　給　方　法				（月給）・週給・日給・時間給・出来高払制・その他請負制			賃金締切日	毎月 20 日		

		賃 金 計 算 期 間		4月21日から 5月20日まで	5月21日から 6月20日まで	6月21日から 7月20日まで	計	
A	月・週その他一定の期間によって支払ったもの	総 日 数		30 日	31 日	30 日	(イ) 91 日	
		賃金	基 本 賃 金	270,000円	270,000円	270,000円	810,000円	
			職務 手当	20,000	20,000	20,000	60,000	
			残業 手当	10,000	10,000	10,000	30,000	
			計	300,000円	300,000円	300,000円	(ロ) 900,000円	
B	日若しくは時間又は出来高払制その他の請負制によって支払ったもの	賃 金 計 算 期 間		4月21日から 5月20日まで	5月21日から 6月20日まで	6月21日から 7月20日まで	計	
		総 日 数		30 日	31 日	30 日	(イ) 91 日	
		労 働 日 数		19 日	21 日	21 日	(ハ) 61 日	
		賃金	基 本 賃 金	円	円	円	円	
			残業 手当	12,000	9,000	7,000	28,000	
			手当					
			計	12,000円	9,000円	7,000円	(ニ) 28,000円	
総			計	312,000円	309,000円	307,000円	(ホ) 928,000円	
平　均　賃　金		賃金総額(ホ)928,000円÷総日数(イ) 91 ＝ 10,197 円 80 銭						

最低保障平均賃金の計算方法

Aの(ロ)	900,000 円÷総日数(イ) 91 ＝		9,890 円 11 銭 (チ)
Bの(ニ)	28,000 円÷労働日数(ハ) 61 × $\frac{60}{100}$ ＝		275 円 41 銭 (リ)
(チ)	9,890 円 11 銭＋(リ) 275 円 41 銭 ＝		10,165 円 52 銭（最低保障平均賃金）

日日雇い入れられる者の平均賃金（昭和38年労働省告示第52号による。）	第1号又は第2号の場合	賃金計算期間	(ト)労働日数又は労働総日数	(チ)賃金総額	平均賃金 (チ)÷(ト)× $\frac{73}{100}$
		月　日から 月　日まで	日	円	円　銭
	第3号の場合	都道府県労働局長が定める金額			円
	第4号の場合	従事する事業又は職業			
		都道府県労働局長が定めた金額			円
漁業及び林業労働者の平均賃金（昭和24年労働省告示第5号第2条による。）	平均賃金協定額の承認年月日	年　月　日　職種	平均賃金協定額		円

① 賃金計算期間のうち業務外の傷病の療養等のため休業した期間の日数及びその期間中の賃金を業務上の傷病の療養のため休業した期間の日数及びその期間中の賃金とみなして算定した平均賃金

　（賃金の総額(ホ)－休業した期間にかかる②の(リ)）　÷　（総日数(イ)－休業した期間②の(チ)）

　（　　　　円－　　　　円）÷（　　　日－　　　日）＝　　　円　　　銭

様式第8号（別紙1）　（裏面）

②　業務外の傷病の療養等のため休業した期間 　　及びその期間中の賃金の内訳					
賃　金　計　算　期　間	月　　日から 月　　日まで	月　　日から 月　　日まで	月　　日から 月　　日まで	計
業務外の傷病の療養等のため 休業した期間の日数	日	日	日	(チ)　　日
業務外の傷病の療養等のため休業した期間中の賃金	基　本　賃　金	円	円	円	円
	手　当				
	手　当				
	計	円	円	円	(リ)　　円
休　業　の　事　由					

③ 特 別 給 与 の 額	支　払　年　月　日	支　払　額
	年　　　月　　　日	円
	年　　　月　　　日	円
	年　　　月　　　日	円
	年　　　月　　　日	円
	年　　　月　　　日	円
	年　　　月　　　日	円
	年　　　月　　　日	円

［注　意］

③欄には、負傷又は発病の日以前2年間（雇入後2年に満たない者については、雇入後の期間）に支払われた労働基準法第12条第4項の3箇月を超える期間ごとに支払われる賃金（特別給与）について記載してください。

ただし、特別給与の支払時期の臨時的変更等の理由により負傷又は発病の日以前1年間に支払われた特別給与の総額を特別支給金の算定基礎とすることが適当でないと認められる場合以外は、負傷又は発病の日以前1年間に支払われた特別給与の総額を記載して差し支えありません。

6 従業員が業務中に負傷したときの報告書

事業を管轄する労働基準監督署に労働者死傷病報告を提出する

■■ 休業の場合には、日数によって手続きが違う

業務上のパワハラやセクハラが原因で労働者が病気になったことが明らかになった場合、または労働者が死亡した場合、使用者は労働者死傷病報告を提出しなければなりません。

ただし、休業が4日未満の場合は、前3か月分の業務災害をまとめて4月、7月、10月、翌年1月のいずれかの月に提出することになります。

【手続】

セクハラやパワハラが労災であることが判明した後、なるべく早めに管轄の労働基準監督署に提出します。

なお、休業が4日以上続いた場合と休業が4日未満の場合では提出する労働者死傷病報告の書式が異なります。本書では、休業が4日未満の場合に提出する書式を掲載します。

【添付書類】

特に決まっているわけではありませんが、事故などの災害の発生状況を示す図面や写真などがあれば添付します。

【ポイント】

労働者死傷病報告書の提出の目的は、使用者側から労働者死傷病報告書を提出してもらうことによって、どのような労働災害が起こっているのかを監督官庁側で把握することにあります。これによって、事故の発生原因の分析や統計を取り、労働災害の再発防止の指導などに役立たせています。

140

書式　労働者死傷病報告

書式　労働者死傷病報告（休業が4日未満の場合）

様式第24号（第97条関係）

労働者死傷病報告

（事業ごとに、工事名にあっては工事名を併記のこと。）

事業の種類	事業場の名称（建設業にあっては工事名を併記のこと。）	事業場の所在地	電話	労働者数
事務用品卸売業	株式会社南北商会	新宿区東新宿1-2-3	03(1234)5678	167名

平成30年1月から30年3月まで

被災労働者の氏名	性別	年齢	職種	派遣労働者の場合は欄に○	発生月日	傷病名及び傷病の部位	休業日数	災害発生状況
黒田 裕一	男・㊛	35歳	商品管理		1月11日	左手中指骨折	1日	機材の運搬中に荷物がくずれ強打したもの
白井 京子	男・㊛	58歳	清掃員	○	2月13日	脳しんとう	2日	はしごから降りようとしたところ、滑り転倒したもの
	男・女	歳			月 日		日	
	男・女	歳			月 日		日	
	男・女	歳			月 日		日	
	男・女	歳			月 日		日	
	男・女	歳			月 日		日	

報告書作成者職氏名　職名 総務課長　氏名 西村一郎

平成30年4月5日

事業者職氏名　株式会社南北商会
　　　　　　　代表取締役　南山次郎　㊞

新宿 労働基準監督署長　殿

備考　派遣労働者が被災した場合、派遣先及び派遣元の事業者は、それぞれ所轄労働基準監督署に提出すること。
　　　氏名を記載し、押印することに代えて、署名することができる。

142

7 傷病手当金について知っておこう

３日間の待期期間が必要である

■■ 傷病手当金は業務外の病気やケガに支給される

メンタルヘルスの場合、労災かどうかが争われることがあります。労災と認められれば、労災保険から補償を受けることになりますが、業務上の労災と認められない場合は、健康保険を利用してもらうことになります。

労働者（被保険者）が業務外の病気やケガで働くことができなくなり、その間の賃金を得ることができないときに、健康保険から傷病手当金が支払われます。傷病手当金の給付を受けるためには、療養のために働けなくなり、その結果、連続して３日以上休んでいたことが要件となります。その要件として、病院で治療せずに自分の判断で病気やケガの療養を行ったような期間については、「療養のため」との判断ができません。「療養のため」に休んでいたことを証明するためには、病院で治療し、医師の指示により療養する必要があります。「働くことができない」状態とは、病気やケガをする前にやっていた仕事ができないことを指します。軽い仕事だけならできるが以前のような仕事はできないという場合にも、働くことができない状態にあたります。

■■ 支給までには３日の待期期間がある

傷病手当金の支給を受けるには、連続して３日間仕事を休んだことが要件となりますが、この３日間はいつから数える（起算する）のかを確認しておきます。

３日間の初日（起算日）は、原則として病気やケガで働けなくなった日として医師が証明した日となります。たとえば、就業時間中に業

第４章 ◆ メンタルヘルスと社会保険・労働保険　143

務とは関係のない事由で病気やケガをして働けなくなったときは、その日その日に病院を受診して、医師の証明があるときはその日が起算日になります。また、就業時間後に業務とは関係のない事由で病気やケガをして働けなくなったときは、その翌日が起算日となります。

休業して4日目が傷病手当金の支給対象となる初日です。それより前の3日間については傷病手当金の支給がないため、「待期の3日間」と呼ばれています。待期の3日間には、会社などの公休日や有給休暇も含みます。また、この3日間は必ず連続している必要があります。

■ 傷病手当金は1年6か月まで支給される

傷病手当金の支給額は、1日につき標準報酬日額の3分の2相当額です。ただ、会社などから賃金の一部が支払われたときは、傷病手当金と支払われた賃金との差額が支払われます。

標準報酬日額とは、標準報酬月額の30分の1の額です。傷病手当金の支給期間は1年6か月です。これは、支給を開始した日からの暦日数で数えます。たとえば、4月11日分から傷病手当金をもらっている場合であれば、翌年の10月10日までの1年6か月間が最長の支給期間ということになります。1年6か月間のうち、実際に傷病手当金が支給されるのは労務不能による休業が終わるまでの期間です。

■ 傷病手当金の支給期間

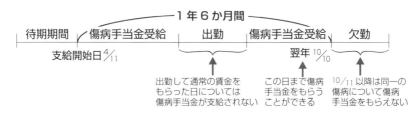

相 談　休職期間中の社会保険

Case　現在会社を休職しているのですが、休職中の賃金について就業規則を確認してみると、休職期間中は無給とされています。賃金が発生しない休職期間中に、社会保険から手当を受給することはできるのでしょうか。

回 答　会社員が加入する労災や健康保険には、休職した場合の手当も用意されています。休職した事情が労災と認められれば労災保険から補償（休業補償給付）を受けることになりますが、労災とはいえないような事情の場合、健康保険の傷病手当金の制度を利用することになります。傷病手当金は、業務以外の理由により就業できない場合に、広く支給される手当金で、社会保険料については、休職とした場合でも健康保険は適用されるので、必要な給付を受けることが可能です。ただし、休職している労働者は通常、収入がなかったり大幅に減少していますが、労働者負担分の社会保険料は免除されません。

　そこで労働者負担分の保険料を会社が立て替え、労働者が復職した際に分割して請求する会社もあります。傷病手当金は、連続して3日以上の休業が必要になった場合に受給できます。支給額は、原則として1日につき標準報酬日額の3分の2相当額です。なお、標準報酬日額とは、標準報酬月額（社会保険の保険料を計算するために便宜上定められた等級ごとの標準的な給与額）の30分の1の額です。また、傷病手当金の支給期間は1年6か月で、支給を開始した日からの暦日数で数えます。たとえば、4月11日分から傷病手当金をもらっている場合であれば、翌年の10月10日までの1年6か月間が最長の支給期間ということになります。1年6か月間のうち、実際に傷病手当金が支給されるのは労務不能による休業が終わるまでの期間です。

第4章 ◆ メンタルヘルスと社会保険・労働保険　　**145**

相談 休職と所得税や住民税の納付

Case メンタル疾患が原因で体調を崩し、長期間会社を休職している状態です。休職期間中に所得税や住民税の納付については、普通に働いている場合と同様なのでしょうか。免除等される場合はあるのでしょうか。

回答 所得税は、実際に支給される賃金から社会保険料を控除した後に、扶養家族の人数を考慮した所得税額表にあてはめて計算されます。したがって賃金が支給されない場合は所得税も発生しないため、納付の必要はありません。

そして、本人負担分の社会保険料を会社側より請求されて支払っている場合を含め、年末調整で精算されることになります。毎月給与より所得税が天引きされている場合も、正確な税額が決定されるのは12月なので、いわば暫定額を天引きしているに過ぎず、給与が発生しない休職期間中について、所得税の納付は不要です。

一方、住民税は、毎年6月から翌年の5月までの間に支払うべき金額が決められており、通常では会社側が賃金から控除して住所が同一市町村の人の分をまとめて納付しています（特別徴収）。そこで、休職で賃金が支払われない場合は、会社側から休職者に請求があり、会社に対して支払うことになります。これは、社会保険料についても同様ですが、休職で収入がゼロまたは減少しているため、現実的に支払いが困難になります。一度、会社と返済方法について相談するとよいでしょう。

なお、労災で支給される休業補償や障害補償などは非課税とされており、それに対して所得税がかかることはありません。一方、会社都合で休業した際に支払われる休業手当は給与所得になるため、通常の賃金と同じように所得税を計算した額が源泉控除されて支払われます。

8 業務以外で負傷・病気をしたとき に手当金を受けるための手続き

休業１日につき標準報酬日額の３分の２の額が支給される

■■最大１年６か月に渡って手当金が支給される

私傷病（業務以外でのケガや病気、メンタルヘルスなど）による療養のため働くことができず給料をもらえないときは、休業１日につき標準報酬日額の３分の２の額が支給開始日から最大で１年６か月間支給されます。

【請求手続】

傷病手当金支給申請書（149ページ）を提出します。提出先は、事業所を管轄する全国健康保険協会の都道府県支部または会社の健康保険組合です。

【添付書類】

① 　１回目の支給申請の際に賃金台帳や出勤簿が必要となることがあります。

② 　役員の場合は、「報酬を支払わない」とした旨が記載してある取締役会議事録が必要になります。

【ポイント】

支給を受けるためには、療養のため休業した日数が連続して３日間あることが必要です（この３日間を「待期期間」といいます）。支給期間の１年６か月とは、傷病手当金が支給される実日数ではなく、支給を開始した日からの暦日数で数えます。たとえば、４月10日分から傷病手当金をもらっている場合であれば、翌年の10月９日までの１年６か月間が最長の支給期間ということになります。１年６か月間のうち、実際に傷病手当金をもらえるのは労務不能（働くことができないこと）による休業が終わるまでの期間です。

第４章 ◆ メンタルヘルスと社会保険・労働保険　　147

被保険者期間が１年以上あり、会社を退職した日に傷病手当金を受けている、または受けられる状態であるときは、退職後も受給期間が満了するまで傷病手当金を受けることができます。しかし休み始めて３日目に退職した場合は、待期の３日間は連続しても、傷病手当金を受けられる状態となっていませんので、退職後の傷病手当金は支給されません。

　負傷の原因が交通事故など第三者の行為によるものであるときは、傷病手当金請求書に加えて別に「第三者の行為による傷病届」を添付してください。ケガなどの場合は、負傷原因についての届（負傷原因届）を添付する必要があります。

　支給調整が行われ、受給額により、支給されないことがあります。

■ 傷病の３日間（待期の完成）……………………………………………

①	3/1	3/2	3/3	3/4	3/5	3/6	3/7	3/8	3/9	3/10
	出	休	出	休	休	出	出	休	休	出

②	4/5	4/6	4/7	4/8	4/9	4/10	4/11	4/12	4/13	4/14
	出	休	出	休	休	休	休	休	休	休

> 休業した日が連続3日間なければ待期期間が完成しない
> ①では、連続した休業が2日しかないため、待期期間は完成しない
> ②では、4月8日、4月9日、4月10日と連続した休業が3日間あるので4月10日に待期が完成、4月11日から支給される

書式　健康保険傷病手当金支給申請書

健康保険 傷病手当金 支給申請書

1 **2** 3 4

被保険者（申請者）記入用

申請内容

① 傷病名	1) 自律神経失調症	② 初診日	平成 30 年 7 月 1 日
	2)		平成 年 月 日
	3)		平成 年 月 日

③ 該当の傷病は病気（疾病）ですか、ケガ（負傷）ですか。 **1** 1. 病気 （発病時の状況）7月1日の起床時に激しい発汗状態となり、症状が改善しないため受診した。

2. ケガ ➡ 負傷原因届を併せてご提出ください

④ 療養のため休んだ期間（申請期間）

（平成）年 月 日
3 0 0 7 0 1 から
3 0 0 8 3 1 まで
日数 **62** 日間

⑤ あなたの仕事の内容（具体的に）（退職後の申請の場合は退職前の仕事の内容） **OA機器の営業（ルート回り）**

確認事項

① 上記の療養のため休んだ期間（申請期間）に報酬を受けましたか。または今後受けられますか。 **2** 1. はい 2. いいえ

①-① 「はい」と答えた場合、その報酬の額と、その報酬支払の基礎となった（なる）期間をご記入ください。
平成 年 月 日 から
平成 年 月 日 まで 報酬額 円

② 「障害厚生年金」または「障害手当金」を受給していますか。受給している場合、どちらを受給していますか。 **3** 1. はい 2. 請求中 3. いいえ ┐ 1. 障害厚生年金 2. 障害手当金 「はい」の場合

②-① 「はい」または「請求中」と答えた場合、受給の要因となった（なる）傷病名及び基礎年金番号等をご記入ください。（「請求中」と答えた場合は、傷病名・基礎年金番号をご記入ください。）
傷病名
基礎年金番号 年金コード
支給開始年月日 □昭和 □平成 年 月 日 年金額 円

③ （健康保険の資格を喪失した方はご記入ください。）老齢または退職を事由とする公的年金を受給していますか。 1. はい 3. いいえ 2. 請求中 「はい」の場合

③-① 「はい」または「請求中」と答えた場合、基礎年金番号等をご記入ください。（「請求中」と答えた場合は、基礎年金番号のみをご記入ください。）
基礎年金番号 年金コード
支給開始年月日 □昭和 □平成 年 月 日 年金額 円

④ 今回の申請は労災保険から休業補償給付を受けている期間のものですか。 **3** 1. はい 2. 労災請求中 3. いいえ 「はい」の場合

④-① 「はい」または「労災請求中」と答えた場合、支給元（請求先）の労働基準監督署をご記入ください。 労働基準監督署

⑤ 介護保険サービスを受けたとき 保険者番号 被保険者番号 保険者名称

様式番号 **6 0 1 2 1 4**

「事業主記入用」は3ページに続きます。 ⟩⟩⟩

全国健康保険協会 協会けんぽ

2 / 4

第4章 ◆ メンタルヘルスと社会保険・労働保険

健康保険 傷病手当金 支給申請書

療養担当者記入用

患者氏名	本上　貴志		
傷病名	(1) 自律神経失調症 (2) (3)	療養の給付 開始年月日 (初診日)	(1)平成　30　年　7　月　1　日 (2)平成　　　年　　　月　　　日 (3)平成　　　年　　　月　　　日
発病または 負傷の年月日	平成　30　年　7　月　1　日　☑発病　□負傷	発病または 負傷の原因	不詳
労務不能と 認めた期間	平成　30　年　7　月　1　日から 平成　30　年　8　月　31　日まで　62日間	療養費用の別	☑健保　□公費(　) □自費　□その他 　転帰　□治癒　□中止　□繰越　□転医 ☑
うち入院期間	平成　　　年　　　月　　　日から 平成　　　年　　　月　　　日まで　　日入院		
診療実日数　6日	診療日を〇で囲んでください。	7月 ①2 3 4 5 6 7 8 9 10 11 12 13 ⑭15 16 17 18 19 20 21 22 23 24 25 26 ㉗28 29 30 31 8月 1 2 3 4 5 6 7 8 ⑨10 11 12 13 14 15 ⑯17 18 19 20 21 22 23 24 ㉕26 27 28 29 30 31 　月 1 2 3 4 5 6 7 8 9 10 11 12 13 14 15 16 17 18 19 20 21 22 23 24 25 26 27 28 29 30 31	

上記の期間における「主たる症状および経過」「治療内容、検査結果、療養指導」等（詳しく）　手術年月日　平成　　年　　月　　日
発汗異常・循環障害を発症。
投薬による治療を行う。　　　　　　　　　　　　　　　　　　　退院年月日　平成　　年　　月　　日

症状経過からみて従来の職種について労務不能と認められた医学的な所見
経過は良好で安定しつつあるものの、依然として上記の症状が継続しているため、
自宅療養を要する。

| 人工透析を実施
または人工臓器
を装着したとき | 人工透析の実施または
人工臓器を装着した日 | □昭和　□平成
　　　年　　　月　　　日 | 人工臓器
の種類 | □人工肛門　□人工関節
□人工骨頭　□心臓ペースメーカー
□人工透析　□その他(　　　　　) |

上記のとおり相違ありません。　　　　　　　平成　30　年　10　月　8　日
医療機関の所在地　東京都港区芝町1-1-1
医療機関の名称　　港総合病院
医師の氏名　　　　三田　太郎　　　　　　　　　　　　㊞　　電話　03（6767）0101

記入例

様式番号　6 0 1 4 1 2

全国健康保険協会　協会けんぽ

(4/4)

9 パワハラで死亡した労働者の遺族が遺族補償年金を請求する

遺族の生活費を保障するための給付が行われる

■■ 遺族（補償）年金が支給される遺族には優先順位がある

　セクハラやパワハラなどが原因で労働者がメンタルヘルスとなり、その症状のひとつとして自殺に至るケースもあります。このようなケースにおいて、労働者に扶養されていた遺族がいる場合、労災保険の遺族補償を求めることができます。遺族補償には遺族補償年金と遺族補償一時金があります。遺族補償年金については、どのような遺族でも受給できるわけではなく、続柄や年齢などの制限があり受給権の順位も決まっていて最先順位にある遺族だけに支給されます。最先順位の遺族が死亡や婚姻などにより受給権者でなくなったときは、次の順位の遺族が受給します。これを「転給」といいます。

■ 受給資格のある遺族とその順位 ······························

順位	遺　族	要　件
1	配偶者（内縁含む）	夫の場合は 60 歳以上または障害状態にあること
2	子	18 歳未満または障害状態にあること
3	父母	60 歳以上または障害状態にあること
4	孫	18 歳未満または障害状態にあること
5	祖父母	60 歳以上または障害状態にあること
6	兄弟姉妹	18 歳未満または 60 歳以上または障害状態にあること
7	夫	55 歳以上 60 歳未満であること
8	父母	55 歳以上 60 歳未満であること
9	祖父母	55 歳以上 60 歳未満であること
10	兄弟姉妹	55 歳以上 60 歳未満であること

※18 歳未満とは。18 歳に達する日以後の最初の 3 月 31 日まで

第 4 章 ◆ メンタルヘルスと社会保険・労働保険　　153

遺族（補償）年金の給付額は、遺族の数に応じ給付基礎日額の153日分から245日分の年金です。前ページ図の中の55歳以上とされている者は、60歳になるまでの間年金の支給が停止されます。

■■ 遺族（補償）年金の受給権者がいない場合どうなるのか

遺族（補償）年金を受け取ることができない遺族であっても遺族（補償）一時金を受給することが可能な場合があります。遺族（補償）一時金が受給できるケースは次の2パターンです。

① 労働者が業務上の事故などにより死亡したときで、最初から遺族（補償）年金を受ける遺族がいない場合

その他の最先順位にある遺族（次ページ図）に給付基礎日額の1000日分の一時金が支給されます。

② 遺族（補償）年金を受ける遺族が死亡、婚姻、年齢要件に該当しなくなるなどの理由ですべて失権し、支払済み年金の合計額が給付基礎日額の1000日分に達しない場合

■ 遺族（補償）給付の金額 ……………………………………………

生計維持の人数	遺族（補償）年金		遺族特別支給金 ※2	遺族特別年金 ※2	
1人	年金	給付基礎日額の153日分	一時金 300万円	年金	算定基礎日額の153日分
		給付基礎日額の175日分 ※1			算定基礎日額の175日分
2人		給付基礎日額の201日分			算定基礎日額の201日分
3人		給付基礎日額の223日分			算定基礎日額の223日分
4人以上		給付基礎日額の245日分			算定基礎日額の245日分

※1 55歳以上の妻、または一定障害の妻の場合の支給日数です。
※2 遺族特別支給金、遺族特別年金というのは遺族（補償）年金に加えて行われる給付です。
　　遺族特別年金の支給額の単位となる算定基礎日額は、原則として1年間に支払われたボーナスの総額を基にして決定します。

1000日分とすでに支給された合計額との差額が、その他の遺族に支給されます。

▋▋請求手続と書類作成の注意点

遺族補償年金の申立書を作成する上での注意点は以下のとおりです。

① 遺族（補償）年金の請求手続

労働者の死亡日から5年以内に事業所管轄の労働基準監督署に遺族補償年金支給請求書（次ページ）を提出します。まとまった金銭をいっぺんに受給する必要性が生じた場合には、遺族（補償）年金前払一時金請求書を提出します。遺族補償年金を受給できる遺族がおらず、遺族補償一時金を請求する場合、労働者の死亡日から5年以内に事業所管轄の労働基準監督署に遺族補償一時金支給請求書を提出します。

② 独自の申立書の提出

労災の給付を請求するための提出書類は請求書と添付書類です。たとえば、パワハラなどを原因とする過労自殺の場合には遺族補償年金支給請求書や遺族補償一時金支給請求書と添付書類を提出します。

ただ、労働基準監督署に備え付けてある書式は事情を書く欄が少ないため、労働者が過労死するに至った経緯や労災の起きた状況を具体的に記載できません。そこで、労災申請をする際には、所定の請求書や添付処理の他に、労災認定を求める申立書を提出するのが通常です。

■ その他の遺族の範囲と順位 ……………………………………………

順位	遺族の要件
1	配偶者
2	生計維持されていた子、父母、孫、祖父母
3	生計維持されていなかった子、父母、孫、祖父母
4	兄弟姉妹

第4章 ◆ メンタルヘルスと社会保険・労働保険　155

書式　遺族補償年金支給請求書

第5章

過労死と労災認定・
労働審判の手続き

　本章では、過労死や過労自殺を防止するために会社側がとるべき労働者の管理方法を説明しています。また、過労死したケースを取り上げて、遺族が行う労災申請の手続を申請書の記載方法などについて、解説しています。労災認定が受けられないような場合に検討する労働審判の手続きなどについてもとりあげています。

1 過労死とはどんなことなのか

まじめで責任感の強い労働者は要注意

■■ 過労死とは何か

　昨日まで普通に生活していた人が、脳内出血や脳梗塞などの脳血管疾患、心筋梗塞や狭心症などの虚血性心疾患といった病気を発症し、突然亡くなってしまうことがあります。これらの病気は、その人のもともとの体質や持病などの他、日常生活の積み重ねや突然の衝撃など、さまざまな要因によって起こるわけですが、働き過ぎ（過労）や仕事上のストレスがその要因のひとつになっていることがあります。長時間労働や不規則勤務、過酷な労働環境、上司や同僚・顧客との人間関係のもつれ、厳しいノルマなどが肉体的・精神的に疲労を蓄積させ、病気を誘発してしまうのです。これを過労死と呼んでいます。

　なお、過労によってこれらの病気を発症し、命は取りとめたものの、半身不随や言語障害など重度の障害を負ったというような場合も含めて「過労死」と呼ぶこともあります。

■■ 過労自殺も過労死である

　働き過ぎやストレスは、労働者の肉体に疲労を蓄積させ、変調をきたす原因となるだけでなく、精神にも大きな負担をかけ、メンタルヘルス不調をきたすことになります。このような場合に発症する可能性があるのが、「うつ病」です。

　うつ病は「心のかぜ」などとも言われ、誰もがかかる可能性のある病気です。投薬治療などによって回復する病気ですから、必要以上に恐れることはありませんが、その症状のひとつとして「自殺念慮（自殺したいという願望を持ってしまうこと）」があるという点で注意を

要します。過労が原因でうつ病を発症し、そのために自殺してしまう
ケースが多発しているのです。このような自殺は「過労自殺」「過労
自死」などと呼ばれ、過労死の一種と認識されています。

■ 過労死・過労自殺の危険シグナル

家族から見た状況

・いつ倒れてもおかしくない状況に
　見える
・本人の責任感が強く止められない
・医師・労基署に相談しようと
　考えていたほどひどい働き方
・過酷な出張が続いていた
・無理な納期に見えた

・予期しない出来事が頻発していた
・本人と顔を合わせる時間が少なく
　状況を把握できなかった
・本人のペースに巻き込まれて家族
　も疲労とストレスがたまっていた
・会社の人も同じように忙しそう
　だった

■ 過労自殺かどうかを判断する心理的負荷の項目

①事故・災害の体験
　大きな病気やケガ、悲惨な事故の体験・目撃
- -
②仕事の失敗、過重な責任の発生など
　交通事故・労働災害、重大な仕事のミス、事件・自己の責任の負担、
　ノルマの不達成、新規事業・再建担当者への就任、顧客とのトラブル
- -
③仕事の量・質の変化
　仕事の量・内容の大きな変化、勤務・拘束時間の延長、勤務形態の変
　化、仕事のペース・活動の変化、職場のＯＡ化の進展
- -
④身分の変化など
　退職強要、出向、左遷、差別・不利益取り扱い
- -
⑤役割・地位の変化など
　転職、配置転換、昇格・昇進、部下の増減
- -
⑥対人関係のトラブル
　セクハラ、上司・同僚・部下とのトラブル
- -
⑦対人関係の変化
　理解者の異動、上司の変更、昇進の遅れ、同僚の昇進・昇格

第5章 ◆ 過労死と労災認定・労働審判の手続き　159

■■■ 過労死は気がつかないうちに迫ってきている

　ある程度の年齢になると、ほとんどの人は何らかの形で働き始めます。学生時代からアルバイトで学費を稼ぐ人もいれば、会社を立ち上げて働く人もいます。

　その目的は金銭を得るためであったり、自己実現のため、世の中の役に立つためなどさまざまですが、たいていの人は自分の仕事に誇りと責任感を持ち、まじめに働いています。もちろんそれは必要なことなのですが、一生懸命に働くあまり、自分が働きすぎで疲れていることにさえ気づかなかったり、疲れていることはわかっていながら休むという選択ができなかったりすることがあります。そのことによって、周囲の労働者にまで過度の負担をかけてしまうということもあるでしょう。

　過労死は、「労働時間何時間以上」などという基準を超えたときに起こるものではありません。本人が「自分はまだ大丈夫」と思っていても、突然起こってしまうものなのです。

　また、「なぜ周囲の人が気づかなかったのか」「止めることはできなかったのか」などと言われることがあります。しかし、本人にどの程度疲労がたまっているのか、見た目からは必ずしも判別できるわけではありません。特に、仕事のことを家で話さなかったり、ひとり暮らしをしていたといった場合には、なかなか気づくことができません。過労が続く中で労働者が突然死しても、それが過労死だということがわからないまま、病死として扱われることもあります。

　このように、過労死は「特別仕事が忙しい、労働環境がよくない会社」に勤務している労働者だけに起こる「特殊なこと」ではありません。労働者本人はもちろん、その周囲の人も、責任感を持ってまじめに働いている「普通の」労働者の身に、過労死がいつふりかかってもおかしくないということを十分に認識しておく必要があるでしょう。

160

2 過労死の原因と予防法を知っておこう

適度な休養が過労死を遠ざける

■■ 過労死の原因とは

　過労死の原因となるのは、長時間労働やストレスなどによって蓄積された肉体的・精神的な疲労です。

　長時間労働を続けるということは、たとえば家族と食事をとったり行楽に出かける、友人と会ったり趣味を楽しむといったことをする時間を失うだけでなく、気持ちの余裕を失うことにもつながります。また、何よりも疲労回復のために必要となる休養や睡眠の時間を削ることになります。回復できずに蓄積された疲労は、ゆるやかにではありますが、確実に肉体や精神をむしばんでいきます。筋肉のこりは頭痛や腱鞘炎などの病気を引き起こしますし、自律神経やホルモンバランスの乱れなどを招いて微熱や目まい、生理不順、下痢、不整脈などの症状が出ることもあります。このような症状が出てくると、人は肉体的な苦痛だけでなく、精神的にも大きな苦痛を感じるようになります。

　一方、仕事に対する責任感、ノルマ達成の圧力、上司・同僚・取引先などとの人間関係によってかかるストレスも、精神的な負担はもちろん、肉体的にも負担をかけることがあります。たとえば電話が鳴るだけで動悸が早くなったり、血圧が上がったりするといったことも少なくありません。

　このような状態が直接、間接に影響し、脳血管疾患や虚血性心疾患による突然死を招く危険性があるのです。

■■ どんな兆候があるのか

　過労死の対象疾病として挙げられる心筋梗塞や脳内出血、くも膜下

第5章 ◆ 過労死と労災認定・労働審判の手続き　　161

出血などは、発症から死亡に至るまでの時間が非常に短いことも多く、「突然亡くなった」という印象が強く残りやすい疾病です。しかし、過労によってこれらの疾病を発症するまでには、何らかの前兆のようなものがあるはずですので、それを見逃さないようにすることが重要になります。具体的には、次のような点が挙げられます。

① 動悸や息切れ、肩こり、腰痛・頭痛などの自覚症状がある。
② 疲れているはずなのに眠れない、朝起きられないなど睡眠障害の症状がある。
③ 家族や同僚、友人などとの会話が減る、「働き過ぎではないか」と指摘される。
④ 「休め」と言われても休むことができない。
⑤ 「辞めたい」と口にすることが増える。
⑥ 本人を支える家族が疲れやストレスを感じている。

■■ 予防法としてはどんなことがあるのか

　過労死を防ぐ最大の方法は、働き過ぎないことです。一時的に多忙

■ 過労死につながりやすい勤務実態のチェックポイント …………

労働時間
平日の労働時間
（残業時間・サービス残業）
休日の労働時間

経営方針
個人に課されたノルマ
セクションごとに課されたノルマ
人員の配置・変化
リストラの有無と状況
仕事量・質の変化
新規事業参入の有無と状況

本人

人間関係
パワハラ・セクハラ・差別の有無と状況
周囲のサポートの有無と状況
職場の人間関係（トラブルの有無）

出来事
配置転換（慣れない業務・職種）
昇進・昇級（仕事量・質の変化）
納期トラブル（残業・心理的負荷）

な時期が続いたとしても、十分な休養を取って疲労回復をはかることができれば、重大な結果を招くようなことにはならないでしょう。

しかし、実際には「他の人が休んでいないのに、休むわけにはいかない」「自分がいなければ、この仕事は成立しない」「給与を減らされるのは困る」「休んだら居場所がなくなるかもしれない」など、さまざまな事情で休暇を取れず、無理をしてしまう人が多いのが実状のようです。

そこで、以下の①②③のような手段のうち、「自分に合っている」「できそうだ」という方法を使って、できるだけ疲労をためないことを心がけるようにしましょう。

① **良質な睡眠をとること**

睡眠は、疲労回復を図る上で大変効果の高い方法です。帰宅時間が遅くなると、どうしてもそこから家事などに時間をとってしまいがち

■ **本人ができる過労死の予防法**

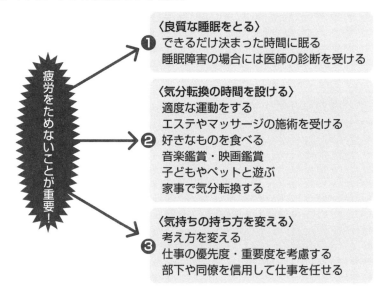

第5章 ◆ 過労死と労災認定・労働審判の手続き

ですが、できるだけ決まった時間に眠りにつけるように工夫する必要があります。ただ、疲労が蓄積してくると、眠りたくても眠れなかったり、浅い眠りになるなど睡眠障害の状態に陥ることがあります。これでは、いくら睡眠時間をとっても疲労回復の効果が得られませんので、必要に応じて医師の診断を受けるなどした方がよいでしょう。

② 気分転換の時間を設けること

　気分転換の方法は人それぞれです。「水泳やフィットネスのジムに通う」「ジョギングをするなどの適度な運動をする」「エステやマッサージの施術を受ける」「好きなものを食べる」「音楽鑑賞や映画鑑賞をする」「子どもやペットと遊ぶ」など、基本的にはどんな方法でもかまいません。中には掃除や洗濯、料理など、家事をすることが気分転換になるという人もいるでしょう。仕事のことを一時忘れ、リフレッシュできるようなことをする時間を設けるようにしましょう。

③ 気持ちの持ち方を変えること

　睡眠や気分転換などの時間を取ることがなかなかできない場合は、考え方を変えることが必要かもしれません。過労に陥る人の多くは責任感が強く、まじめな人です。疲労を感じていても「自分は大丈夫」と思い込んでしまったり、他の人の分まで仕事を抱え込む、失敗を恐れ完璧を求めて働き続けてしまうなど、休養をとることを自ら拒否して無理を重ねてしまいがちなのです。そこで、まずは「自分はスーパーマンではない」「よく頑張っている」ということを自覚することから始めてみてください。少し気持ちに余裕ができるはずです。

　また、疲労が蓄積した状態になると、判断力は低下しますし、身体的にも迅速に動けなくなります。「過労になる前に休むことはよい仕事をするためにも必要」と認識し、仕事の優先度や重要度を考慮する、部下や同僚を信用して仕事を任せるといったことを検討するとよいでしょう。

3 職場で過労死を防ぐにはどうすればよいのか

過労を防ぐ体制づくりが急務

■■ 過労死は会社にとって重大な損失

　従業員が過労によって病気になったり亡くなることは、本人や家族にとって大変不幸で重大な問題であるだけではなく、会社にとっても単に労働力を失うだけではすまされない、重大な問題になります。

　同じ職場で、同じように仕事をしていた同僚が、過労で倒れたとなれば、他の従業員には不安や動揺が広がります。「自分もいつか同じようになるかもしれない」という恐怖から、退職したり仕事に熱が入らなくなる従業員が出てくるかもしれません。また、取引先をはじめ、一般社会からは、「管理能力のない会社」「従業員を大事にしない会社」と評価され、信頼を失うことにもなりかねません。

　従業員は会社の財産です。その健康を守ってこそ、業績を上げることもできます。過重労働は労働者の健康に深刻な悪影響を及ぼし、過労死・過労自殺といった事態を招くおそれがあるため、使用者や管理職は労働者を管理する上で心身の健康への配慮を怠らないようにしなければなりません。厚生労働省も過重労働による健康被害を防止するため、通達やパンフレットを公示して対策に努めています。1か月に100時間を超える時間外労働・休日労働を行った結果、疲労の蓄積が認められる労働者については、労働者の申し出により、医師による面接指導が行われます。

■■ 実質的な労働時間の管理を行う

　過労死を予防するための会社側の取組みとして、まず挙げられるのが労働時間の管理です。これにより、過労死を招く要因となる長時間

第5章 ◆ 過労死と労災認定・労働審判の手続き　165

労働が常態化しないように対処することできます。

具体的には次のようなことが挙げられます。

① 法定労働時間の周知徹底

労働基準法では、原則として1日8時間、週40時間という法定労働時間を超えて労働させることを禁じています（32条）。法定労働時間を超える時間外労働を行うと、健康を損なう可能性が高くなるからですが、このことを会社側だけでなく労働者も十分に理解していないことが多いようです。たとえば、「休憩や休暇をきちんととることを奨励する」「ノー残業デーを作る」などの啓発活動を行うことも法定労働時間を周知する一つの方法となるでしょう。

② 出退勤時間の管理

ほとんどの会社はタイムカードやＩＣカードなどを使って出退勤時間を管理しているはずです。しかし実際には出勤のタイムカードを押す前に早朝会議を開いたり、退勤のタイムカードを押した後にサービス残業をしたりということもよく行われています。つまり、表面的な時間管理では意味がないということです。

労働時間の実態を管理するための方法としては、労働者自身が出退勤時間のメモをとる、労働時間中の業務内容を報告させ、管理者が確認するといった方法が考えられます。

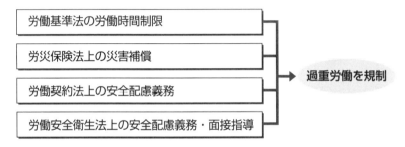

■ 労働者の過重労働を規制する法令

■■ 労働者と使用者が話し合う

　法定労働時間は当然守らなければならないものですが、業務の進み具合によってはどうしても残業しなければならない場合があることも事実です。前述のとおり、労働基準法は法定労働時間を超えて労働させることを禁止していますが、その例外的措置として「三六協定」の制度を設けています。使用者（会社）が労働者に対して時間外労働や休日労働をさせる際は、労働者の過半数で組織する労働組合等と書面による協定を締結し、事業場を所管する労働基準監督署長に届け出ることを義務付けるものです。

　さらに、三六協定を締結する場合には、厚生労働省が策定した「時間外労働の限度に関する基準」（限度基準）という告示を遵守することが必要です。限度基準では「１か月45時間以内、１年360時間以内」などの時間外労働の上限を設定しています。

■ 会社が行うべき過労死の予防策

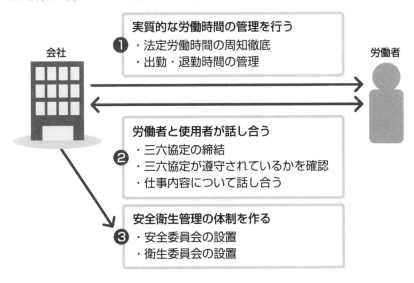

第５章 ◆ 過労死と労災認定・労働審判の手続き

従業員に時間外労働をさせている場合は、三六協定を正しく締結しているか、届出をしているかなどを確認する必要があります。

　もし、法令が遵守されていない状態であった場合は、早急に必要な手続を行うとともに、労働者と会社側とで仕事内容について話し合い、過剰な長時間労働をしなくてもすむ体制づくりを進めてください。

■■ 安全衛生管理の体制を作る

　労働安全衛生法では、事業場の規模や業種によって、総括安全衛生管理者、安全管理者、衛生管理者、産業医などを選任することを義務付けています（33ページ）。その他、事業者と労働者の双方が構成員となる安全委員会や衛生委員会、または両方の機能を持つ安全衛生委員会などを設置することが義務付けられる場合もあります。たとえば、安全委員会・衛生委員会の役割としては、次のようなことが挙げられています。

(1) **安全委員会**

① 労働者が業務を行うことによって危険な目に遭わないような労働環境づくりについて検討する。

② 労災の原因を追及し、再発を防止する対策を検討する。

(2) **衛生委員会**

① 労働者が業務を行うことによって健康を損なうことがないよう労働環境のチェックや見直しを行う。

② 労働者の健康を保持増進のため、健康診断等の方策を検討する。

　過労死を防止するには、上記の役職や委員会の設置だけでなく、正常かつ活発に機能させることが求められます。また、労働安全衛生法では、一定規模以上の事業場などに限り、上記の役職や委員会の設置義務を課していますが（34ページ図、35ページ図）、小規模の事業場でも過労死防止に向けた措置を講じるようにすべきでしょう。

相談 過労死と遺族による損害賠償請求

Case 過酷な労働時間の下での労働が続き、主人が過労死しました。そこで、遺族としては、会社に対する損害賠償請求や、労災の認定請求をしたいと考えているのですが、これらを請求することは可能でしょうか。

回答 長時間労働や激務などによって疲労が蓄積したために、脳血管疾患や虚血性心疾患等によって健康障害を起こし、死亡するに至ることを過労死といいます。労働者が業務上の事由でケガをしたり病気に罹った場合、労災（労働災害）として労災補償を求めることができますが、過労死についても一定の要件を満たした場合には、労災認定が行われて労災補償の対象になります。具体的には、過労死が業務上の災害と認められるには、脳血管疾患や虚血性心疾患等が業務に起因して生じたことが必要です。そして、業務に起因したと認められるには、業務上のさまざまな状態が原因となって発病したことが、医学的に明らかに認められなければなりません。

労働者の過労死が業務上の災害として労災認定された場合は、会社が過労死を防ぐ措置をとっていたかが問題となります。これを安全配慮義務といい、労働関係の法律では、使用者（会社）の安全配慮義務を明文で定めています。会社側が過労死を防ぐ措置を何もとらず、防止措置を怠っていた場合、過労死した労働者の遺族は会社に対して損害賠償請求をすることができます。遺族としては、「労災認定が行われるか」「会社に対する損害賠償請求が認められるか」といった具体的な事情をもとに検討してくことになります。

労災認定が行われた場合、遺族の生活補償等に必要な金銭が支給されます。なお、ここでの遺族には、亡くなった労働者の収入で生計を維持していた、配偶者や子、祖父母、兄弟姉妹等が含まれます。

第5章 ◆ 過労死と労災認定・労働審判の手続き　　169

4 過労死を疑った場合の家族の対応

情報を集めることが重要になる

■■ 少しでも疑わしいときは対応しておくべき

　過労死は、突然訪れることがほとんどです。家族があまりの事態に気持ちの整理がつかず、冷静な判断ができなかったり、ただ茫然としてしまったりするのも無理のないことでしょう。

　そのような精神状態のときに、亡くなった労働者の死因が何だったのかということを考えるのは、非常に難しいことです。特に本人がひとり暮らしをしていたり、家で仕事の話をせず、疲れを見せないように努めていたといった場合、その時点では過労死だと気づくこともできないかもしれません。

　しかし、過労死を認定してもらうには、できるだけ迅速に情報収集をしておく必要があります。苦しい時期にこのようなことを考えるのはさらに苦しみを増すことになりますが、この時期の対応によって遺族のその後の心情や生活が違ってきますので、少しでも過労死の疑いがある場合はとにかく行動を起こしておくべきでしょう。

■■ できるだけ多くの情報を集めよう

　会社や労働基準監督署、裁判所などに過労死であると認めてもらうには、その人の労働環境がどのような状況であったかを示す情報が必要です。情報収集の手段としては、次のようなことがあります。

① **遺品を調査する**

　本人の生前の暮らしぶりを知る手段としては、その残したもの（遺品）を調べるのが最も確実な方法です。特に仕事の予定などが記載されている手帳やカレンダー、携帯電話やパソコンに保存されたデータ

（メールや仕事上の書類など）、メモや書類、日記といったものは重要な情報になりますので、できるだけ多く集め、内容を照らし合わせてみる必要があります。最近ではブログやSNSなどを使って、日々の生活を記録したり、顔も本名も知らない人とやりとりをしていることも多いので、そのような点にも注意してください。

　また、レシートや領収書、新幹線・飛行機などの半券、処方薬や常備薬といったものも食生活や行動範囲などを知る上で必要になる可能性があります。一見無関係のように見える遺品でも処分せず、いったん保管・整理しておくとよいでしょう。

② **関係者からの証言を得る**

　学生時代の友人や趣味を通じて知り合った知人などから、最近連絡をとったときの様子や言動などを教えてもらうのも有力な方法です。

　特に、職場の同僚や上司、取引先など仕事の関係者の証言は、重要な証拠となる可能性がありますので、できるだけ多くの人から話を聞くようにしてください。その機会のひとつとしては、通夜や葬儀、法事などの場が考えられます。「そんなときに」と思われるかもしれませんが、人の記憶はあいまいで、時間とともに薄れてしまうものです

■ **情報収集のプロセス** ……………………………………………

❶ 証拠と証言を集める
勤務の実態を把握
心身の変化を解明

❸ 書類を作成する
請求書・申立書・
意見書・添付書類など

❷ 証明できるか検討する
労働時間
業務の過重性
心理的負荷

から、できるだけ早いうちに情報を得られるようにしなければならないのです。もしそのときに思い出せなくても、後で「そういえば」と思い出すこともあるかもしれませんので、とにかく情報が必要であることを直接伝え、協力してもらえるように依頼しておきましょう。

③　死体検案や病理解剖を行う

　人が突然亡くなった場合、医師による死体検案（医師が死体を表面から検査する行為のこと）が行われます。その際、「脳内出血」や「心筋梗塞」といった死因が示されますが、その死因に過労が関わっていたかどうかは特定できませんし、場合によっては死因が特定できずに「死因不詳」として処理されるケースもあります。

　このような場合にとる手段として、医師が遺族の承諾を得て行う病理解剖が考えられます。病理解剖によって必ずしも過労死であることが特定されたり、死因が明確になったりするわけではありませんし、大変な苦痛の末に亡くなった人の体をさらに傷つけることは遺族にとって非常につらい選択かもしれません。しかし、病理解剖は死体検案よりも多くの情報を得ることができます。その情報が、仮に裁判など難しい状況になった場合に活きてくることもあります。

■■会社まかせにしない

　従業員が突然亡くなった場合、会社側が、葬儀の手伝いを申し出てくれる、会社に残っている遺品の整理をしてくれる、今後の遺族の進路や生活について協力や援助を検討してくれる、といったことがあります。急なことで混乱している遺族にとって、このような申し出は大変ありがたく、「誠意ある対応」と感じるかもしれませんが、過労死が疑われる場合には注意しておかなければなりません。過労死を出したとなると社会的な評価を落とす恐れがあり、会社がそれを隠そうとすることがあるからです。

　たとえば、葬儀の手伝いをしている間に、故人の業績や働きぶりを

ほめることで過労の実態を隠し、遺族の会社に対する印象をよくしようとする、遺品の中から会社に不都合なものを処分してから遺族に返却する、今後の生活を援助する代わりに労災認定を申請しないように圧力をかける、といったことが行われることがあるのです。

また、遺族が情報収集する前に社内に箝口令(かんこう)を敷き、上司や同僚が過労の実態を話さないようにするといったこともあります。

もちろん、誠意を持って対応する会社もたくさんありますが、本当に誠意を持っているならば、自ら過労死の可能性を認め、タイムカードや業務日報などの情報を提供する、労災認定の申請手続を進める、などの対応をしてもらえるはずです。会社に言われるまま任せてしまうのではなく、少しでも疑問に感じることがあれば、遺族自身の手で確認しながら進めるようにしてください。

■ **会社から集める資料**

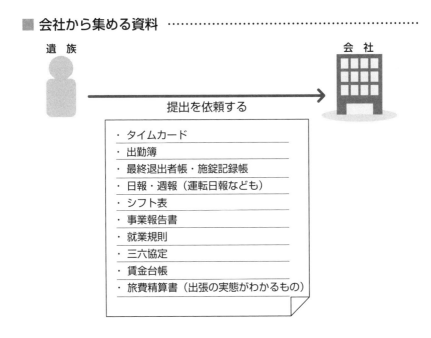

第5章 ◆ 過労死と労災認定・労働審判の手続き

5 過労死は労災である

労災申請は労働者と遺族の権利である

労災にあたるということ

　仕事上の事故や業務の過程においてケガや病気を負って治療が必要になったり、治癒しない障害が残る、場合によっては死に至ることを労災（労働災害）といいます。一般には、「社用車で営業活動中に事故に遭った」「倉庫での作業中に荷物が崩れてきた」「仕事で扱う化学物質の影響で中毒症状を起こした」などのように、業務と直接かかわりのあることが原因となって起こった災害が労災にあたるという認識です。しかし、過労死や過労自殺のように、一見災害とは言えないような事態も同様に仕事が原因で起こるものなので、労災にあたるとされています。

労災には労災保険が適用される

　労災に遭った労働者やその遺族に対して補償を行うのは、本来、会社であるべきですが（労働基準法第8章）、会社の規模や経営状況などから、労働者やその遺族に補償を行うことが難しい会社も存在します。そこで、労災に遭った労働者やその遺族が生活に困窮するなどの事態が起きないように、国が補償を行うものとして整備されたのが労災保険の制度です（47ページ）。

　労働者の傷病（負傷・疾病）や死亡が労災によるものと認められれば、会社の補償能力とは関係なく、労働者やその遺族は労災保険からの補償を受けることができます。そして、過労死も労災の一種として扱われる場合がありますから、労災認定されると労災保険の給付を受けることができます。

■■労災申請をするための準備

労災保険の給付を受けるためには、まず所轄の労働基準監督署長に対して申請（労災認定の申請）をしなければなりません。申請の際には、次のような準備が必要です。

① 所定の申請書類の準備

労災保険給付の手続のための申請書類は、労働基準監督署で入手することができます。

労働者が過労を原因として傷病（負傷・疾病）を患った場合、治療を請求したいときは療養補償給付、休業中の生活費を請求したいときは休業補償給付、傷病が治癒したが身体に障害が残ったときは障害補償給付、を請求するための書類を入手します。一方、労働者が過労死した場合には、遺族が遺族補償給付を請求するための書類を入手することになります。

この際、申請書類提出時に必要になる添付書類などについても、確認しておくとよいでしょう。

② 記入内容の情報整理と添付書類の準備

申請書類には、傷病が発生した日時やその発生状況、治療を受けた病院や医師の診断内容などを詳細に記入しなければなりません。特に過労死の場合、死亡の結果が過労を原因として起こったことを認めてもらわなければなりませんので、過労死する前の半年間程度の1日の平均労働時間や平均休日数など勤務実態がわかる資料の他、関係者から得た情報をまとめた資料などを準備しておいてください。

また、申請の際には給付の種類によって、戸籍謄本や死亡診断書などの公的な書類が必要になることがありますので、忘れずに入手しておきましょう。

③ 相談先の検討

労災保険給付の手続は、労働者本人はもちろん、家族が代行することもできます（遺族補償給付は労働者の遺族が申請します）。労災で

第5章 ◆ 過労死と労災認定・労働審判の手続き　175

あることが明確なケースであれば、大きな問題もなく保険給付が認められるはずですが、会社側と言い分が食い違っていて労災と認定されない可能性があるケースでは、申請手続だけでなく、会社側との関係や訴訟手続などさまざまな問題を抱えることになります。このような場合、経験の少ない労働者や家族だけで解決するのは非常に困難ですので、相談できる場所を検討しておくとよいでしょう。

■■ どんな相談機関があるのか

労災関係の相談機関としては、次のようなところがあります。それぞれに対応できる内容や得意分野がありますので、抱えている事情や課題に対応してもらえる機関を選んで相談してみてください。

① **労働基準監督署**

各地の労働基準監督署には、相談窓口が設置されており、専門職員がさまざまな労働関係の相談を受け付けています。労災保険の内容がわからない、労災認定の申請の仕方を教えてほしいなど、一般的な相談であれば、ここで対応してもらうとよいでしょう。

② **各種団体**

労災の問題には、公益財団法人やNPO法人など、さまざまな団体が取り組んでおり、それぞれがその目的に応じて労災申請の協力やカウンセリング、会社側との交渉などの活動を行っています。以下に主な団体名とホームページのURLを紹介します。

・公益財団法人労災保険情報センター（https://www.rousai-ric.or.jp/）

・働くもののいのちと健康を守る全国センター（https://www.inoken.gr.jp/）

・過労死110番全国ネットワーク（https://karoshi.jp/）

③ **専門職**

会社側との交渉や裁判といった難しい局面になった場合、弁護士や

176

社会保険労務士など、法律面からサポートしてもらえる専門職に依頼する方が安心です。ただ、相談料を含めた費用がかかりますので確認してから依頼しましょう。

④　労働組合

過労死を含めた労災は会社で起こることですから、他の従業員にとっても人ごとではありません。このため、労働組合が従業員からの相談や会社との交渉などに対応していることがあります。社内の事情に詳しく、交渉の経験も豊富ですので、心強い味方となってもらえるでしょう。

労災申請の費用はどうなっているのか

労災保険の給付を申請する際に、提出先である労働基準監督署の窓口で用意すべき費用は特にありません。申請書類も無料で受け取ることができます。

ただ、戸籍謄本や死亡診断書などの添付書類が必要になる場合は、

■ 聞き取り対象の選定

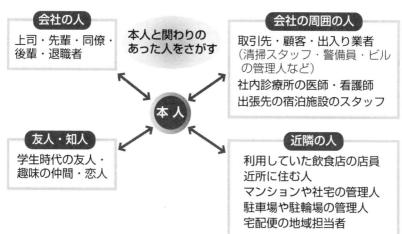

その発行手数料を自己負担しなければなりません。また、被災労働者の過労の実態を証明するための調査にかかった費用などについても、給付の対象とならず、自己負担になります。

さらに、弁護士や社会保険労務士に申請書類の作成や会社との交渉などの依頼をした場合は、その報酬も自己負担となります。報酬額は相談回数や調査などの回数、交渉が成功したかどうかなどによって違ってきます。場合によってはかなり高額になることも予想されますので、必ず事前に確認するようにしてください。

▓ 労働基準監督署の判断を待つ

労災保険の給付申請がなされると、労働基準監督署は、労働者の傷病や死亡が本当に業務上の災害であるかどうかを検討します。ここで労災と認定されれば、保険給付を受けることができます。結果が出るまでの期間は、3〜6か月程度が一般的ですが、判断の難しいケースなどでは、1年から3年近くかかることもあるようです。

一方、労災が認定されなかった場合、保険給付を受けることはできません。ただ、労災の不決定が納得できない場合には、不服申立てや訴訟によって、再度検討するように求めることができます。

■ 労災申請の準備とかかる費用 ……………………………………

書　類

申請書…………無料
戸籍謄本………発行手数料
死亡診断書……発行手数料

専門家に依頼した場合

書類作成代行…報酬
交渉……………報酬
調査……………交通費などの実費

調　査

交通費など………実費

178

6 過労自殺・自殺について知っておこう

過労自殺か自殺かの判断は困難

■■ どのような場合に自殺にあたるのか

　自らの意思で命を絶つことを、自殺といいます。飛びおりや首つり、飛び込み、入水、自刃、薬物の使用の他、最近では練炭や硫化水素による自殺がテレビや新聞などで報じられています。なぜその人が自殺を選んだかを外からうかがい知ることはできませんが、「死を選ばなければならないほど深い悩みを抱えていた」「死をもって訴えたいことがあった」などといった絶望感や強い怒りの感情が理由であると推測されています。

　しかし、自殺はこのような心理的な理由だけでなく、病気が原因となって発生していることがあります。その代表的なものがうつ病です。うつ病には「自殺念慮」という症状が出ることがあり、それが本当に自殺という結果に結びついてしまうのです。うつ病が薬物治療を受ければ寛解（症状が消滅すること）する可能性の高い病気であることを考えると、うつ病に起因する「自殺」は、実際には自殺にあたらないのかもしれません。しかし、現在のところは、うつ病などの病気による「自殺」も、自殺と認識されています。

■■ 過労自殺にも判断基準がある

　長時間労働に従事する労働者がうつ病を発症するなどした後、自ら命を絶つことを「過労自殺」といいますが、その人が亡くなった後で、仕事上のストレスが自殺の原因であったかどうか（業務上の災害に該当するかどうか）を判断するのは難しいことです。もしかすると、明確な判断基準は永遠に出ないのかもしれません。

第5章 ◆ 過労死と労災認定・労働審判の手続き　179

もっとも、労災保険は故意による傷病や死亡を給付対象としておらず、「自殺」は適用対象外とされるのが原則です。その一方で、「過労自殺」に関しては、「正常な認識、行為選択能力が著しく阻害され、または自殺行為を思いとどまる精神的な抑制力が著しく阻害されている状態」に陥ったものと推定されることから、業務起因性を認めて労災保険の適用対象としています。

　そのため、保険給付が行われる「過労自殺」であるか、それとも保険給付が行われない「業務以外の原因による自殺」であるかを判別する必要があります。そこで、厚生労働省は判断指針として「心理的負荷による精神障害の認定基準について」を策定しています。

■■ 心理的負荷による精神障害の認定基準について

　認定基準においては、次の3つの要件をすべて満たす場合に、「過労自殺」などの精神障害が業務上の疾病に該当すると判断され、労災認定が行われるものとしています。

---

① 対象疾病を発病している
② 対象疾病の発病前おおむね6か月の間に、業務による強い心理的負荷が認められる
③ 業務以外の心理的負荷および個体側要因により対象疾病を発病したとは認められない

　以下、①～③の各要件を簡単に見ていきます。詳細は厚生労働省のWebページ（http://www.mhlw.go.jp/stf/houdou/2r9852000001z3zj.html）を参照してください。

① 対象疾病を発病している

　認定基準の対象となる「対象疾病」とは、国際疾病分類第10回修正版（ICD-10）第Ⅴ章「精神および行動の障害」に分類される精神障

害です。ただし、認知症や頭部外傷による障害（F0）、アルコールや薬物による障害（F1）は除外されています。

具体的に、対象疾病のうち業務に関連して発病する可能性のある精神障害については、主として「統合失調症、統合失調症型障害及び妄想性障害（F2）」「気分〔感情〕障害（F3）」「神経症性障害、ストレス関連障害及び身体表現性障害（F4）」の３つが示されています。

② **対象疾病の発病前おおむね６か月の間に、業務による強い心理的負荷が認められる**

発病前おおむね６か月間に、対象疾病の発病に関する業務における出来事と出来事後の状況を具体的に把握し、心理的負荷の強度の程度について、認定基準で示された「業務による心理的負荷評価表」（別表１）を指標として「強」「中」「弱」の３段階に区分します。

その上で、総合評価が「強」と判断された場合に、②の要件を満たしたものと判断されます。

③ **業務以外の心理的負荷および個体側要因により対象疾病を発病したとは認められない**

認定基準で示された「業務以外の心理的負荷評価表」（別表２）を用いて検討していきます。評価の対象となる出来事として、以下のものが挙げられています。

②において業務による強い心理的負荷が認められたとしても、業務以外の心理的負荷または個体側要因が認められるときは、どの要因が最も強く精神疾患の発症に影響したかを検討して、最終的な評価が出されることになります。

ⓐ **自分の出来事**

「離婚又は夫婦が別居した」「自分が重い病気やケガをした又は流産した」が「Ⅲ」に該当する

ⓑ **自分以外の家族・親族の出来事**

第５章 ◆ 過労死と労災認定・労働審判の手続き　　181

「配偶者や子供、親又は兄弟が死亡した」「親族の出来事 配偶者や子供が重い病気やケガをした」「親類の誰かで世間的にまずいことをした人が出た」が「Ⅲ」に該当する

ⓒ 金銭関係

「多額の財産を損失した又は突然大きな支出があった」が「Ⅲ」に該当する

ⓓ 事件、事故、災害の体験

「天災や火災などにあった又は犯罪に巻き込まれた」が「Ⅲ」に該当する

ⓔ 住環境の変化（Ⅲに該当する項目なし）

ⓕ 他人との人間関係（Ⅲに該当する項目なし）

　特に、業務以外の出来事のうち、下記にある「Ⅲ」の出来事（心理的負荷が特に強いもの）がある場合、または「Ⅲ」以外の出来事が複数ある場合などは、内容を詳細に調査の上、業務以外の心理的負荷または個体側要因によって発病したと判断されることがあります。

　また、就業年齢前の若年期から発病と寛解を繰り返している精神障害である場合や、重度のアルコール依存状況の場合などは、原則として、個体側要因によって発病したと判断されます。

7 過労死の認定基準について知っておこう

過重業務や異常な出来事による過重負荷の度合いが認定の基準となる

■■ 過労死の認定基準になっているのは

　労働者の突然の死が、一般的な病気によるものか、労災によるものであるかを判断するのは、現代の医学水準をもってしても非常に難しいことです。このため、以前はなかなか労災として認められませんでした。しかし、過労によると推測される突然死が多発し、訴訟に発展して労災と認定されるケースが出てきたことから、厚生労働省は平成13年11月、それまでの認定基準を改正し、新たな要件を加えた「脳血管疾患及び虚血性心疾患等（負傷に起因するものを除く）の認定基準」（脳・心臓疾患の認定基準）を発表しました。以降は、脳・心臓疾患の認定基準に基づいて労災認定が行われています。

　脳・心臓疾患の認定基準では、脳・心臓疾患は長く生活をする中で自然に発症することを前提としつつ、「業務による明らかな過重負担」が自然経過を超えて症状を著しく悪化させることがあることを認め、過労死の対象疾病として次のようなものを挙げています。

① **脳血管疾患**

　脳内出血（脳出血）、くも膜下出血、脳梗塞、高血圧性脳症

② **虚血性心疾患等**

　心筋梗塞、狭心症、心停止（心臓性突然死を含む）、解離性大動脈瘤

■■ どんな要件があるのか

　上記の対象疾病は仕事と関係なく自然に発症することもあるため、脳・心臓疾患の認定基準では、業務において次のような状況下に置かれることによって、明らかな過重負荷（脳・心臓疾患の発症を誘発す

第5章 ◆ 過労死と労災認定・労働審判の手続き　183

る可能性があると思われる出来事）を受け、そのことによって発症したと認められる場合に、労災認定が行われる業務上の疾病として取り扱うとしています。

① **異常な出来事**

発症直前から前日までの間に、次のような事態に遭遇した場合をいいます。

ⓐ 「職場で起こった大きな事故を目撃した」など、業務に関連することで極度の緊張や興奮、恐怖、驚がくなど強度の精神的負荷を引き起こす突発的または予測困難な異常事態に遭遇した場合

ⓑ 「作業中に海中に転落した同僚を救助した」など、緊急に強度の身体的負荷を強いられる突発的または予測困難な異常事態に遭遇した場合

ⓒ 「事務員から急に現場作業に配転され、炎天下で慣れない肉体労働をさせられた」など、急激で著しい作業環境の変化に遭遇した場合

② **短時間の過重業務**

発症前おおむね1週間の間に、特に過重な業務に就労することによって身体的・精神的負荷を生じさせたと客観的に認められる場合をいいます。

ここでいう「特に過重な業務」とは、業務量、業務内容、作業環境などを考慮し、同僚労働者または同種労働者（同僚等）にとっても、特に過重な身体的・精神的負荷と認められることをいうとされています。

③ **長期間の過重業務**

発症前おおむね6か月間の間に、著しい疲労の蓄積をもたらす特に過重な業務に就労することによって身体的・精神的負荷を生じさせたと客観的に認められる場合をいいます。著しい疲労の蓄積をもたらす要因として特に重要視されているのが「労働時間」です。脳・心臓疾患の認定基準では、次のような形で労働時間と発症との関連性を指摘しています。

184

ⓐ 発症前1か月間から6か月にわたって、1か月当たりおおむね45時間を超えて時間外労働時間が長くなるほど、業務と発症との関連性が徐々に強まる。

ⓑ 発症前1か月間におおむね100時間または発症前2か月から6か月間にわたって、1か月当たりおおむね80時間を超える時間外労働が認められる場合は、業務と発症との関連性が強いと評価できる。

なお、②③において過重業務か否かを判断する際には、労働時間の他、不規則な勤務、拘束時間の長い勤務、出張の多い業務、交替制勤務、深夜勤務などの要因について十分に検討することが求められています。労働者が上記のⓐⓑに当たるような時間外労働（残業）をしている場合、事業者は残業禁止命令を出し、産業医等の診察を受けさせるなど、メンタルヘルス不調を防止する適切な措置を講じる必要があります。

■「業務の過重性」の評価項目 ……………………………………

チェック項目とその内容

・**労働時間**
　時間の長さ・休日の有無

・**勤務体制（不規則かどうか）**
　スケジュール・業務内容の
　変更の頻度・程度

・**勤務時間**
　拘束時間数、実労働時間数・
　労働密度、休憩・仮眠施設の状況

・**出張の実態**
　出張の内容・頻度・移動距離、
　宿泊の有無、休憩・休息の状況

・**交代制・深夜勤務の実態**
　シフトの変更の頻度・程度、
　休日の割合、深夜勤務の頻度

・**勤務先の環境**
　温度環境・騒音の有無・時差
　の有無

・**業務内容の特性**
　（緊張を伴う業務かどうか）
　ノルマの厳しさ・時間的制約の
　有無・人前での業務・他人の人生
　を左右するような重要な業務など

第5章 ◆ 過労死と労災認定・労働審判の手続き　185

8 どんな書類を準備するのか

申請書や証明書類などの他に申立書や意見書を準備する

■■ 申請時に必要な書類にはどのようなものがあるか

　労災保険の給付を申請する際には、申請書や証明書類などの様々な書類が必要となります。申請書にはいくつかの種類がありますから、該当するものを選びます。

　たとえば、遺族補償年金を請求する場合には、遺族補償年金支給請求書（156ページ）を提出します。遺族が遺族補償年金を請求する際は、受給資格を証明するため、被災労働者の収入によって生計を維持していた旨（生計維持関係）を証明できる書類が必要です。また、遺族補償年金を受給する遺族が、急に資金を必要とする場合などは、遺族補償年金前払支給金（一時金）請求書を提出し、遺族補償年金の前払を請求することができます。

　一方、遺族の中に遺族補償年金の受給資格者がいないといった事情により、遺族補償年金ではなく遺族補償一時金を請求するときは、遺族補償一時金請求書を提出します。

　さらに、葬祭料の支払いを請求するときは、葬祭料請求書を提出します。提出の際は、埋葬許可証なども含めた葬祭執行証明書も添付します。葬祭料の支給対象者は、葬祭を実際に行った者です。原則としては被災労働者の遺族ですが、遺族が葬儀を行わない場合は、遺族以外に葬祭を行った者（会社でもよい）が支給対象者となります。

　なお、上記の各申請書に共通する証明書類として、たとえば、被災した労働者が死亡した事実とその年月日を証明する書類（死亡診断書、死体検案書、検視調書など）、被災した労働者と請求者との身分関係を証明する書類（戸籍謄本、戸籍抄本など）が挙げられます。また、

申請書や証明書類とともに提出した方がよい書類として、申立書や意見書があります。

■■ 会社に協力してもらう必要のある書類とは

申立書や死亡診断書、戸籍謄本、生計維持関係を証明する書類などを揃える際には、原則として会社の協力は不要です。しかし、遺族補償年金、遺族特別支給金、遺族特別年金の請求書には、会社側（事業主）の証明が必要となる欄があります。したがって、労災認定の申請

■ 過労死の場合における労災申請の手順 ……………………………

```
                        過労死

必要書類の          自分で用意する書類          専門家への
チェック            申請書                       依頼
   ↓                遺族補償年金申請書
                    遺族補償年金前払一時金請求書
書類の準備           遺族補償一時金請求書
   ↓                平均賃金算定内訳書
                    申立書
申請の予約           意見書
   ↓                葬祭料請求書
                    埋葬許可証・葬祭執行証明書
 申　請             死亡診断書・死体検案書・検視調書      同　行
   ↓                戸籍謄本・抄本
                    遺族が被災した労働者の収入によって
自分で              生計を維持していたこと（生計維持関係）
用意する書類          を証明する書類
                                                      同　行
                    会社に協力してもらうもの
                    （遺族補償年金・遺族特別支給金・
                      遺族特別年金を請求する場合）
                    労働者が死亡するに至った事実関係の
                    証明に関する会社の署名・押印
```

第5章 ◆ 過労死と労災認定・労働審判の手続き　187

を準備するときに、会社側に労働者が死亡するに至った事実関係を証明するように要請する必要があります。ただ、場合によっては会社側が証明を拒む場合もありえます。というのも、自社の従業員に労災が適用されると労災保険（労働災害補償保険）の掛け金が高くなったり、企業イメージが著しく低下するといったことを恐れる会社があるからです。会社側が労災の事実を証明することを拒んだ場合には、会社の署名・押印がなされないままでも、そのことを記載した上で、申請書を提出することができます。

■■ 準備ができたら申請にいく

　申請する書類が出来上がったら、被災した労働者が勤めていた会社の所在地を所轄する労働基準監督署長に請求書や添付書類を提出します。労基署では、労災課あるいは労災補償課が担当部署となります。労災（補償）課とは、労働者の傷病や死亡が労災の対象となるかどうか、また労災保険の給付内容が適正なものかどうか、といった事項を扱う部署です。申請日当日には、対応する係員が状況を具体的にイメージできるように、申請の趣旨をわかりやすく説明し、事の深刻さを理解してもらうように努力しましょう。そのためには、申立書や意見書等に図案や写真等を入れておく工夫も大事です。係員には、後日担当官が決まったら連絡してもらえるように依頼しておきます。担当官が決まった旨の知らせを受けたら、すぐにその担当官と連絡をとって、もう一度労基署に出向くことになります。その際には、申請日に対応した係員に説明した内容をもう一度、担当官に説明することになります。

　なお、労災認定に関しては専門的な知識が必要となる場面が多いので、可能な限り請求代理人として同席してもらえるように専門家に依頼する方がよいでしょう。請求代理人がいる場合には、申請日だけでなく担当官に説明する際にも同席してもらうようにします。

9 申立書はどのように書けばよいのか

感情的にならずに事実を記載するように注意する

■■ 書式の項目に従って情報を収集して作成する

　労災保険の給付を請求するための提出書類は請求書と添付書類です。たとえば、過労死の場合には遺族補償年金支給請求書（156ページ）や遺族補償一時金支給請求書と添付書類を提出します。

　ただ、労働基準監督署に備え付けてある書式は、労災の発生原因や発生状況を書く欄が少ないため、労働者が過労死するに至った経緯や労災の起きた状況を具体的に記載できません。そこで、労災申請をする際には、所定の請求書や添付書類の他に、労災認定を求める申立書を提出するのが通常です。

　申立書を提出する場合には、請求書の方には「別紙記入」と断り書きを入れて、詳細は申立書に書くようにします。申立書は、書式（191ページ）の項目に沿って書けばよいでしょう。各項目を書くときに必要となる情報は事前に集めておく必要がありますから、いきなり申立書を書くのではなく、最初に書式の内容を一読し、申立書を書くのに集めておくべき情報について確認するようにします。たとえば、関係者から労働実態についての聞き取りを行ったり、証拠を集めておくといった準備が必要となります。

　申立書を書く際には、次のような順番で書き進めることとなりますので、参考にしてください（次ページ図）。

・誰が、何が原因で、いつ、死亡したのかという事実を記載する
・労働者の死亡が業務に起因するものであると考える根拠を示す
・労働者の死亡が業務に起因するものであると考える根拠の詳細を根拠ごとに説明する

第5章 ◆ 過労死と労災認定・労働審判の手続き　189

■■ 作成時に特に注意すべきこととは

　被災した労働者のことを思うと、残された遺族としては、会社に対する憎しみや悲しさなどで、申立書には感情的な表現をしたくなるところです。しかし、労災認定を得て保険給付を受けるためには、担当官に事実を正しく把握してもらうことが必要ですから、申立書には事実を書くようにします。遺族としての心情については、意見書という形で提出するようにして、申立書には労災の発生原因や発生状況を裏付けるための事実をなるべく詳しくかつ客観的に記載するように留意してください。

　事実を記載する際には、業務に起因すると考える根拠をすべて書き出すようにして、特に重要と思われるものについては、独立した章立てをした上で、詳細を書くようにします。また、実際に担当官との応答時に聞かれる可能性のある事柄を想定した上で、否定すべき事項については、申立書にも記載しておきます。たとえば、被災した労働者の病歴については、その状況を正しく書くようにしておきます。過去に病気にかかっていても、完治していれば完治した事実を日時とともに記載しておきます。何らかの基礎疾患があった場合には、その治療方法と状況についても記載し、病気をきちんとコントロールしながら働いていた事実を記載するようにします。

　なお、申立書には専門的な知識が必要とされる場合が多くありますから、作成時には専門家や支援団体に相談した方が安心でしょう。

■ 申立書の書き方

❶ 労働者死亡に関する具体的な事実の記載
→ 誰が
　何が原因で
　いつ

❷ 根拠の明示
→ 労働者の死亡が業務に起因するものであると考える根拠を述べる

❸ 根拠の詳述
→ ②の根拠の詳細について順を追って説明する

書式　過労死の労災認定を求める申立書

東京労働基準監督署長　殿

平成30年1月16日

請求人
　　住所　　東京都品川区西品川3－8－4
　　氏名　　朝井　昌子
　　連絡先　03－3456－6543
請求代理人
　　社会保険労務士　××××
　　連絡先　03－○○○○－○○○○

朝井明夫の「くも膜下出血」の労災認定を求める申立書

1　申立ての趣旨

朝井明夫は、株式会社東西商事商品企画部に、商品企画部部長として在籍しておりましたが、平成29年12月6日、くも膜下出血により死亡しました（享年54歳）。朝井明夫の配偶者である朝井昌子は、以下の理由により、夫亡朝井明夫の死亡は、業務に起因するものであり、労働者災害補償保険の遺族補償年金の給付を受けることができるものと考えております。

① 時間外労働：発症に至るまでの1年間、月平均100時間超の時間外労働を行っていた。
② 休日出勤：休日出勤により、月間休日が平均2日程度しかなく、疲労困憊していた。
③ 社内での職責：商品企画部の部長職であり、同社の経営の社運をかけた新商品開発の重責を担い、過度のストレスを感じていた。
④ 近時の仕事量：部長職としての管理業務のみならず、会社の人員

整理に伴う部下の減少により、事務作業も担う必要があり、仕事量が激増していた。

⑤ 健康診断の結果：平成28年9月24日に実施した健康診断および脳ドック診断では異常がまったく確認されなかった。

　そのため、遺族補償年金支給請求書とともに、業務起因性について詳細に記載した本申立書を提出いたします。

2　申立ての理由

① 履歴
　・氏名、住所等
　　氏名：朝井明夫
　　住所：東京都品川区西品川3－8－4
　　生年月日：昭和38年4月10日（享年54歳）
　　死亡年月日：平成29年12月6日
　　死亡病名：くも膜下出血
　・生前の病歴等
　　　朝井明夫は学生時代より野球部に所属し、体力には人一倍自信を持ち、社会人になってからも毎週日曜日にはジョギングをし、酒・タバコも嗜まず、食生活にも留意しており、風邪もひかないような健康体であった。さらに、1－⑤に記載した通り、直近の健康診断においても異常はまったく確認されていなかった。

② 職歴
　　　大学を卒業後、株式会社東西商事に入社し、営業部、商品企画部と歴任してきた。株式会社東西商事の概要・事業内容は下記の通りである。

記

　・株式会社東西商事の概要
　　本店所在地　東京都新宿区東新宿1－2－3

昭和40年設立、資本金２億円

企業理念「法令を遵守し、事業に関わるすべての人が幸せになる」

・株式会社東西商事の事業

　　ＯＡ機器を中心とする家電・オフィス機器の卸売

・株式会社東西商事での業務

　　昭和61年４月１日〜平成20年３月31日（営業部第二営業課、業務内容：販売代理店へのＯＡ機器の卸売）

　　平成20年４月１日〜平成23年３月31日（商品企画部企画課、業務内容：新製品の開発）

　　平成23年４月１日〜平成29年12月６日（商品企画部部長、業務内容：新製品の開発および製造管理ならびに部下育成）

③　くも膜下出血の発症時の業務と労働実態

・業務内容

　　新製品の開発および製造管理ならびに部下育成

・所属部署の体制

　　商品企画部には企画課（５名）と製造課（27名）がある

・朝井明夫の役職、職務

　　商品企画部部長　企画課と製造課の統括

・業務時間、通勤時間

　　株式会社東西商事の就業規則では以下の始業・終業時刻、休憩時間が定められている。

　　始業時刻：９時00分、終業時刻：18時00分、

　　休憩時間：12時00分〜 13時00分

　　通勤時間：徒歩10分を含む１時間20分（片道）

・発症６か月前からの時間外労働の実態

　　タイムカードの打刻状況により以下の労働実態が判明している。

　　２か月〜６か月前：１か月間の時間外労働の平均が100時間を超えていた。

　　１か月前：１週間に１回程度徹夜し、休日も毎日出勤していた。

1週間前：1日おきに徹夜勤務をし、その翌日も午前0時頃まで勤務していた。

　発症前日：午前4時まで勤務後会社で仮眠を取り翌日午前9時より勤務開始した。

・労働環境

　朝井明夫は、新製品の開発につき恒常的にプレッシャーがかかっており、発症当日の会議でも、新製品開発の遅れにつき、上司から高圧的な叱責を受けていた。なお、部下の大半は自主的に作業を進めるほどの職務能力を持ち合わせておらず、朝井明夫からの指示が業務を遂行する上で必須であった。また、経営不振を理由に、3か月前から部下として勤務する社員が企画課で2名、製造課で14名減少しており、事務的な作業も部長職の朝井明夫が対応していた。

　なお、管理監督者のため、時間外手当は支給されていない。

④　近時の自宅での状況

　数週間前から、徹夜でない日も午前2時前後に帰宅することが多く、食事のときも生気が感じられず、ときどき頭痛を訴えていたが、通院を勧めても会社を休めないことを理由に通院しなかった。

⑤　業務と発症の因果関係

　医師の意見によると、朝井明夫は、長期間の疲労蓄積により血圧が不安定となり、過度のストレスにより動脈が破裂したと見られ、朝井明夫の死亡は厚生労働省の「脳血管疾患及び虚血性心疾患等の認定基準」に基づく業務上疾病による死亡といえる。

10 意見書とはどんな書類なのか

様々な立場の人に作成を依頼して申立書の内容に説得力を持たせる

■■ どんなことを書けばよいのか

「申立書には事実を書くように注意して、遺族としての心情は意見書に書くように」と書きましたが（191ページ）、実際に家族として意見書を書く場合には、様々な立場の家族の視点から、被災した労働者の人物像と仕事の状況や大変さなどを訴えるように書きましょう。

たとえば、配偶者が書く場合には、被災した労働者の帰宅が遅い日々が続いていたことや、突然生活が変わってしまい将来に不安を持っている現在の心境を綴る、といった内容が考えられます。また、親が大変そうであった状況、家族思いの親であったことなどを、被災した労働者の子が書くと、配偶者や親とはまた異なる印象を与える場合もあります。被災した労働者が生来健康であった場合、その業務についてからの変貌ぶりについて残された親が書いた場合、長年自分の子を見てきた者が書くだけに、説得力をもたせることができるかもしれません。このように、被災した労働者の人物像やエピソード、家族の無念な思いなど、家族が書いた意見書には、申立書に記載した事項に具体的なイメージを与え、説得力を増すものとなりますから、思いをこめて丁寧に書くようにしてください。

■■ 誰に何を書いてもらえばよいのか

労災保険の給付を請求する際は、労災認定に必要な情報を持っていると思われる人にも積極的に働きかけて、意見書を書いてもらうとよいでしょう。

医師が医学的見解を述べた意見書は、労基署の担当官も重視する書

第5章 ◆ 過労死と労災認定・労働審判の手続き　195

類です。かかりつけ医や業務に起因すると見られる症状が出た際に初診した医師などに、意見書を書いてもらうようにしましょう。

被災した労働者（被災者）の状況がどれほど大変なものであったかを説明するためには、被災者と親しかった社外の友人や同業他社の人、退職したばかりの人に意見書の作成を依頼するとよいでしょう。社外の友人や同業他社の人であれば、被災者の会社を気にして真実を述べることができないという事情もありません。友人の場合には、労働環境について相談している可能性がありますから、できる限り協力してもらいましょう。同業他社の人には、同種の仕事をする者として被災者がどれほど大変な状況にあったかを説明してもらうことがポイントです。退職した直後の人も、その会社から圧力を受ける可能性が低いため、比較的自由な立場から意見を書いてくれる場合が多いといえます。しかも、被災者の置かれていた状況に関する記憶も最近のものとなりますから、説得力があります。

しかし、職場の上司や同僚、部下の場合には、会社の意向を気にしたり自分の立場を考える場合が多く、なかなか協力を得られない可能性があります。しかし、会社における被災者の労働環境や状況を一番よく知っているのは彼らです。あきらめずに、まずは意見書の作成を依頼してみるべきでしょう。特に上司には、被災者に指示していた内容や被災者が置かれていた状況について、詳しく書いてもらうように依頼すべきです。

■■ どんなことに注意してかくのか

家族が意見書を作成する場合には、被災者の人柄がわかるような写真、趣味で作った作品やその写真などを添える一方で、亡くなる直前の様子がわかる写真や日記、メールなどを添える工夫も大事です。

医師に意見書の作成を依頼する際には、すでに作成した申立書やその他の証拠資料などをそろえた上で、どのような事情で労災申請をし

ようとしているのかを説明し、こちらの意図をよく理解してもらった上で作成してもらうように注意しましょう。

　親しい友人に依頼する場合には、被災者が友人に語っていたことやメールや手紙などの証拠となりそうなものは見せてもらい、可能であれば譲り受けた上で提出するとよいでしょう。同業他社の人に依頼する場合には、特に同業者から見ても、被災者の状況が過酷であるといった意見は重要です。退職した直後の人に依頼する場合、特にその人が被災者と同様の職務を行っていて、過酷な労働環境に耐えかねて退職した、といった事情がある場合には、労働環境、会社側の改善状況などについての詳細を踏み込んで書いてもらうようにしましょう。

　しかし、職場の上司や同僚、部下に依頼する場合、依頼もせずに諦める必要はありませんが、本人たちが協力できないと申し出た場合には、無理強いは禁物です。匿名での協力を依頼したり、遺族が本人たちから聞き取った内容を聴取書という形でまとめあげる方法をとることも検討しましょう。

　また、協力できない旨を伝えてきた職場の人のリストを作成し、労基署の担当官に聞き取りをして欲しい旨を、その理由とともに示して提出するのも一つの方法です。

■ **意見書作成の依頼候補者と選定・内容のポイント**

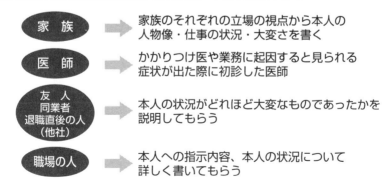

11 労災認定された場合にはどうする

労災保険と会社の責任は別

■■ 認定後にしておくこと

　労働者がケガや病気になったり、死亡するなどした原因が労災であると認定されるまでには、さまざまな紆余曲折があります。特に過労死や仕事上のストレスでうつなどの精神疾患を発症したような場合、その原因が業務である（業務上の疾病である）ことを示す証拠を探す作業には、精神的にも肉体的にも大きな負担がかかります。そのようなつらい時期を超えて労災認定を受けると、経済的にはもちろん、気持ちの上でも大きな安心感が得られるでしょう。中には大きな仕事を成し遂げたことにより張り詰めていた気持ちが切れ、「荷おろしうつ」と呼ばれる症状を発症してしまう人もいますので、まずはゆっくりと心と体を休めることを考えるのも必要なことかもしれません。

　ただ、労災認定を受けたというだけでは、すべてが解決したと安心するわけにはいかないというのが実際のところです。それは療養補償給付や休業補償給付などの労災保険から支給される補償だけでは損害の全額は補償されないということや、会社に過失がある場合の慰謝料などが含まれていないといった問題が残っているからです。というのも、労災認定が行われたとしても、労災は業務上の傷病や死亡（または通勤上の傷病や死亡）に対する補償ですが、労災認定によって会社の落ち度が認められたわけではありません。そのため、会社に何らかの落ち度があるために、労働者が負傷したり、メンタルヘルス疾患などの疾病を患ったり、過労自殺や過労死などにより死亡したと考えられる場合には、会社に対する責任追及は別途行う必要があるのです。会社の代表者や役員がセクハラを行っていたような場合は、正に会社

自身が加害者ということができます。仮に代表者や役員自身の直接の行為はなくても、労働者が傷病を負う危険がある職場環境であることを認識していながら、これを放置していた場合にも、会社に対する責任追及ができる場合があります。

　労災が認定されると、労働者の傷病や死亡が会社の業務によって起こったことが公的に認められますが、会社がどの程度自身の責任を認めるのかということまではわかりません。その内容によっては、労働者側が享受できる結果が大きく違ってきますので、できるだけ労働者側の言い分を正当に認めてもらうことができるよう、会社側と交渉を行うことが必要になってくるわけです。

　会社側との交渉の場では、次のような点を確認してください。

① 　就業規則等に労災認定に伴う「上積み補償」の制度があるか

　会社によっては就業規則などで、労災認定された場合の特別一時金の支給や退職金の上積み支給といった「上積み補償」の制度を定めているところもあります。

　通常は会社側から申請書類などを提示してくれるはずですが、中には労働者側が言い出すまで放置している会社もありますので、制度があるかどうか、あるならばどのような形で支給されるのかといったことを交渉の場できちんと確認しておいてください。できれば専門家などの協力を得て事前に就業規則等に目を通しておくとよいでしょう。

② 　団体保険に加入しているか

　各損害保険会社では、法人向けの保険商品として団体保険を販売しています。その中には労災補償に備えるための団体保険（総合福祉団体定期保険など）もあり、会社が加入している可能性があります。このような団体保険では、保険金の受取人が会社になっているのが一般的ですが、その支給目的は従業員への補償のためとなっている場合もありますので、できれば確認しておきたいところです。

③ 　どのような形で会社側の責任を認めるのか

第5章 ◆ 過労死と労災認定・労働審判の手続き　　**199**

会社が労災について落ち度を認めるのか、認めるならば誰がどのような形で労働者に対して謝罪するのか、慰謝料や損害補償の額をどの程度とするのかといった事項を確認します。労働者側の思いと食い違う場合は、双方が納得いくまで交渉を重ねることになります。

■■ 民事訴訟を起こす場合とは

　会社と何度交渉をしても望むような形で謝罪をしてくれなかったり、損害賠償額について合意できないといったこともあります。このように、当事者同士の任意での話し合いが決裂した場合には、民事訴訟や労働審判（202ページ）を起こすという方法があります。

　民事訴訟を起こすと、会社が安全配慮義務を果たしていたかどうかが法廷の場で審理され、治療費や休業補償などの他、労災が起きなければ支給されていたはずの給料（逸失利益）や義務違反の内容に応じた慰謝料などについても、一定の計算方法によって算出されます。

　民事訴訟を起こすと、弁護士への依頼料なども含め、多額の費用がかかりますし、証拠集めなども含め、解決までには相当の手間と時間がかかりますから、労働者側にとっても大きな負担です。場合によってはいわれのない中傷を受けることがあるのも現実です。このため、あえて訴訟はしないという選択も一つの方法でしょう。

　しかし、労災に対する責任を認めようとしない会社に対し、責任を認める旨の判決を得ることができれば、労働者は納得することができますし、労働環境を整備するよう行政や他の会社に対し警鐘を鳴らすといった効果を期待することもできますので、必要があると感じる場合は訴訟の提起を検討してみてください。

■■ 認定されなかった場合の対処法

　労働基準監督署長に労災申請をしたが、認定されなかった場合、そこであきらめなければならないかというとそうではありません。

まず、労働基準監督署長の不支給決定を不服として、上級官庁（この場合は都道府県労働局の労働者災害補償保険審査官）に審査請求を行うことができます。ここで労働者災害補償保険審査官の決定（審査請求を認めない決定など）にも不服がある場合は、労働保険審査会に再審査請求ができますし、再審査請求を経ずに行政訴訟（原則として労働基準監督署長の不支給決定の取消しを求める訴訟）の提起もできます。再審査請求の裁決があった後に行政訴訟を提起することも可能です。

　ただ、上記の不服申立てや訴訟を経ても労災と認定されない事例も残念ながらあります。この場合、労災保険の補償を受けることはできなくなってしまいます。しかし、行政や裁判所が「労災」と認めないのは、法的に労災認定するための条件や証拠などが整わなかったためであり、労働者やその家族に何らかの問題があったわけではありませんので、自信を失う必要はありません。

■ **労働者の自殺と会社の責任**

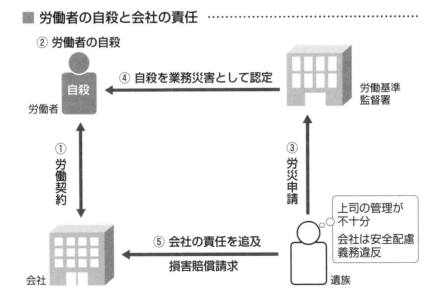

12 会社と折り合いがつかない場合には労働審判の申立てをする

損害賠償額の折り合いがつかないような場合に検討する

■■ どんな手続きなのか

労働審判は、話し合いがまとまらない場合に、裁判官である労働審判官と労働問題に精通している労働審判員が協議して審判という一定の判断を下すことができる点で、効果的なトラブル解決方法だといえます。労働審判手続きには、①時間がかからない、②最終的な判断（審判）に労働組合関係者などの労働の専門家も参加する、③まずは話し合いによる合意（調停）をめざし、まとまらない場合に審判を出す、という特色があります。労働審判では原則として3回以内の期日で審理を終えます。具体的な期間としては労働審判の申立書が提出されると40日以内の期日で第1回期日が指定されます。第1回期日の後の第2回期日、さらに第3回期日はそれぞれ数週間から1か月程度の間で決められることが多いようです。長く見積もっても3～4か月で結論が出る流れになります。

労働審判では最初は調停による解決をめざし、その解決ができない場合には実情に即した形での解決案を審判という形で出します。

労働審判を申し立てることができるのは、個別労働関係民事紛争の当事者です。当事者とは使用者（会社）と労働者双方を指します。実際に労働審判を申し立てるのは労働者であることが大半ですが、たとえば大きなミスをして会社に損害が生じた場合などに、使用者が労働者を相手にして労働審判を申し立てることも可能です。

また、労働者については正社員や契約社員はもちろんのこと、パート、アルバイト、派遣労働者（派遣元との関係、派遣先との関係双方を含みます）も労働者にあたります。「労働者といえるかどうか」に

ついては契約の形式ではなく、働き方の実質で判断されます。

　会社との対立が大きい場合や、とにかく決着をつけるという場合は労働審判ではなく、訴訟の手続を取ります。

■■ どんな場合が考えられるのか

　業務が起因してケガや病気になった場合、労働者は労災保険の給付を申請できます。申請が認められて労災認定を受けると、保険給付が行われるしくみです。さらに、会社に対して、別途発生する損害金や慰謝料の支払いを請求できます。その際、会社の責任の有無や、賠償金・慰謝料の金額について、会社と労働者間で争いがある場合、これを解決するために労働審判を活用することができます。労災申請をめぐるトラブルとしては以下のようなケースがあります。

① **身体にケガをしたケース**

　会社の敷地内でフォークリフトを運転中に転倒し、全治３か月の大けがを負い、労災が認められて治療費や休業補償などの給付を受けているが、その後の調査で事故原因がフォークリフトの整備不良によると判明したので、会社にも損害賠償請求をしたい。

② **精神障害を負ったケース**

　うつ病にかかり、医師から３か月の休養を取るよう指導されたことについて、うつ病のおもな原因は会社での上司の嫌がらせと加重労働であることは間違いないと思うので、労災申請に加えて、会社にも慰謝料請求をしたいが、会社側は労災ではないと主張している。

　労災をめぐる争いで問題になるのは、労働者の身に起きた負傷や疾病について、会社が責任を認めるかどうかという点です。

　ケース①のように、すでに労災申請がなされている場合は、フォークリフト本体の定期点検を実施していたかどうか、走行する場所の安全性を確保していたか、運転する労働者の資格や技量を確認していた

第５章 ◆ 過労死と労災認定・労働審判の手続き　203

かなど、会社が安全な労働環境を維持するための義務をどの程度果たしていたかといった点が問題になります。その内容によって請求できる損害賠償額が違ってくるからです。

一方、ケース②のように、うつ病になった原因が業務であったこと（業務上の疾病）を会社が認めていない場合には、双方の主張がまったく違うわけですから、当然大きな争いに発展するでしょう。

責任の所在や割合について争いがあると解決までに多大な時間と労力がかかることがあります。労働審判は原則３回までという短期間で判断をする制度ですから、長期化する可能性が高いと予想される場合は、訴訟など別の法的手段を活用する方がよいでしょう。

■■ 法的手段と書類作成の注意点

過労死にまつわる労災申請済みであり、会社側が「労働者が安全かつ快適に働けるような労働環境づくり」を怠ったことをある程度認めている場合において、支払われる損害賠償額の折り合いがつかないような場合は、法的な措置を検討することになります。

労働審判の申立てを行う場合、申立書には、損害金や慰謝料として請求する金額を記載します。申立書内の「申立ての理由」部分や予想される争点の部分には、申立人の所属部署や業務内容、そして過労死に至るまでの労働状況を具体的に明記します。

特に、前述したケース②では、会社側が過労死と認めていないことから、過労死であると証明できるような会社の安全管理対策に関する資料や就業規則、事故発生・疾病発症当時の労働者の勤務状態がわかる資料などを準備します。たとえば、勤務時間があまりにも不当であると思い、労働者が労働審判を申し立てようと考えた場合には、当該労働者の勤務時間の実態を把握するための資料が必要になります。そこで、労働者はタイムカードや出勤簿を用意することになります。

書式　過労死を理由に損害賠償を請求する場合の労働審判申立書

労働審判手続申立書

平成30年5月1日

東京地方裁判所　民事部　御中

〒○○○-○○○○　東京都○○区○○丁目○番○号
　　　　　　　　　申　立　人　　高　松　孝　子　㊞
　　　　　　　　　　　電話　０３-○○○○-○○○○
　　　　　　　　　　　ＦＡＸ　０３-○○○○-○○○○

〒○○○-○○○○　東京都□□区□丁目□番□号○○ビル○階
　　　　　　　　　相　手　方　　ワイシーディ工業株式会社
　　　　　　　　　同代表者代表取締役　　村　峰　五　郎
　　　　　　　　　　　電話　０３-○○○○-○○○○
　　　　　　　　　　　ＦＡＸ　０３-○○○○-○○○○

損害賠償請求労働審判事件
労働審判を求める事項の価額　　金2400万円
ちょう用印紙額　　　　　　　　4万1800円

第1　申立ての趣旨
　1　相手方は、申立人に対し、金2400万円及びこれに対する平成30年1月25日から支払い済みまで年5％の割合による金員を支払え。
　2　申立費用は相手方の負担とする。
　　との労働審判を求める。

第2　申立ての理由
　1　当事者
　　　相手方は自動車の電子部品製造会社である。
　　　申立人の夫高松学（以下Aとする）は、平成元年4月1日に

相手方会社に入社し、以降勤務を続けていた。平成21年4月に課長、平成25年4月には部長職に昇進していた。平成29年5月10日、Aは中国工場の部長職を言い渡されて上海に渡った。

だが、平成30年1月25日、Aは上海の居住地にしていたホテルで急性心不全を起こして死亡した。

【甲1（雇用契約書）】

2　Aの上海での勤務状況及び死亡について

Aの赴任した上海工場には150人の工員がいたが、いずれも十分な職場訓練を受けていないことから、Aは自分の業務以外に職員訓練にも時間を割かなければならない状況であった。さらにAは語学力が十分でなかったことから、空いた時間も中国語の勉強に割かねばならなかった。亡くなる前月の平成29年12月中、Aは休暇を1日しか取れず、勤務日はほぼ18時間以上拘束されている状況であった。

【甲2（手帳）、甲3（上海工場の防犯ビデオテープ）】

また、治安の悪さからしばしば盗難被害に遭うなど、勤務以外の心労も耐えない状況であった。

第3　予想される争点及び争点に関連する重要な事実

1　本件の争点は、申立人の死が過労死にあたるか否かにある。

2　業務と死との因果関係

(1)　相手方は労務管理上の落ち度があったことは認めているが、過労死であるとは認めていない。したがって、過労死ではないと主張し、400万円の慰謝料で適当であると主張すると考えられる。

(2)　しかし、申立ての理由2にもある通り、Aが工場内勤務以外でも種々の業務に拘束されていたことはAの手帳の予定表から明らかであり、語学勉強にも多大の時間を割かれていることは語学教室のスケジュール表からも明らかである。上記勤務予定を少なく見積もっても、平成29年12月は休暇が1日しかなく、それ以外の日は18時間に渡って業務に関連する事柄に拘束されており、このような拘束状況下の死亡は過去の通例などから過労死として認定されている。

第4　申立てに至る経緯の概要

　申立人はAの死亡直後から相手方に対して「これは過労死ではないのか。労災の認定をしてほしい」と問い合わせをした。これに対し相手方は過労死であることは認めなかったものの、「労務上の管理に若干の問題があった」と落ち度は認めた。

　翌月、相手方は「慰謝料として400万円を支払う」と申立人に申し出てきた。しかし400万円の根拠は示されず、またそもそもAの同年代の退職金が2000万円であることを考えると少ないことから合意に達しなかった。

【甲4（退職金規程）】

　平成30年2月20日、申立人は弁護士等と相談した上で、労災認定をするか、あるいは相手方に対して最低限の慰謝料として「定年まで勤めていればもらえるはずだった退職金と同額の2400万円」を支払ってほしい旨を提案した。しかし、相手方は「400万円を超える金額は出さない」と回答し、条件面での合意にいたらなかった。同年3月1日、申立人は東京労働局にあっせんの依頼をしたが、相手方があっせんに応じず同年4月6日、あっせんは終了した。そこで、申立人は、相手方に対して損害賠償を求める本労働審判の申立てを行った。

証拠方法

　甲1号証　（雇用契約書）
　甲2号証　（手帳）
　甲3号証　（上海工場の防犯ビデオテープ）
　甲4号証　（退職金規程）

附属書類

　1　申立書写し　　　　　　　　　4通
　2　甲1から4号証までの写し　　各2通
　3　証拠説明書　　　　　　　　　2通
　4　資格証明書　　　　　　　　　1通

申立人　高松　孝子
相手方　ワイシーディ工業株式会社

平成30年5月1日

証拠説明書

東京地方裁判所
労働審判委員会　御中

申立人　高松　孝子　㊞

号証	標　目 （原本・写しの別）		作　成 年月日	作成者	立　証　趣　旨	備考
甲1	雇用契約書	写し	H元.4.1	相手方 及び 申立人	申立人と相手方との間に平成元年4月1日に雇用契約が交わされたこと	
甲2	手帳	原本	H29.7 ～ H30.1	A	Aのスケジュールの過酷さ	
甲3	上海工場の防犯ビデオテープ	原本	（録画日） H29.12	（録画者） 相手方 上海工場	Aが12月中の大半を工場内で過ごしていたこと	
甲4	退職金規程	原本	H元.4.1	相手方	Aの退職金が2400万円であることを示すもの	

第6章

被災労働者のための
障害年金のしくみと
受給手続き

　本章では、メンタルヘルスやその他の病気やケガが原因で障害を負った場合に、請求できる障害基礎年金、障害厚生年金、障害手当金のしくみや受給額や請求方法について書式例を盛り込み解説しています。障害年金と労災保険の関係についてもとりあげています。

1 障害年金はどんなしくみに なっているのか

基礎年金・厚生年金の2種類があり、障害の程度に応じて支給される

■■ 障害年金の全体構造

　障害年金は、病気やケガで障害を負った人（20歳前の若年者も含む）に対して給付される年金です。障害年金には障害基礎年金と障害厚生年金の2種類があります。国民年金の加入者が障害を負った場合は障害基礎年金を受給でき、厚生年金加入者の場合は上乗せ支給があり、障害基礎年金に加えて障害厚生年金が受給できます。

　障害年金には、老齢年金より給付の条件が緩い面がある点が大きな特徴です。障害の度合いによっては2階部分、つまり障害厚生年金だけを受け取ることができる場合があります。

　障害基礎年金は、障害等級1級か2級に該当する状態にないと受給できないのに対し、障害厚生年金には1級・2級に加え3級や、一時金である障害手当金の制度があります。そして、障害等級1級・2級に該当する場合は障害基礎年金が支給され、さらに厚生年金保険に加入していた場合は、障害厚生年金が上乗せして支給されます。

　そのため、基礎年金が受給できなければ上乗せ部分である厚生年金も受け取れない老齢年金とは異なり、障害等級1級、2級に該当せず、障害基礎年金を受給できない場合でも、厚生年金の加入者であれば3級の障害厚生年金や障害手当金を受給できる可能性があります。障害の原因となった病気になり、またはケガをした際に初めて医師や歯科医師の診察を受けた日（初診日）に国民年金と厚生年金保険の加入状況により、受給できる障害年金の内容がまったく異なるわけです。

　なお、障害基礎年金と障害厚生年金の障害等級（1級または2級）は、そもそも同一の障害に対する保障であるため、同じ基準になって

おり、実際に認定がなされた場合に該当する等級も必ず一致します。

■■ 障害年金の病気やケガとはどんな程度なのか

障害の程度は、医療機関で診断された病名にかかわらず、その人が負っている「障害の内容」に応じて支給が決定されます。

具体的な傷病とは、身体の障害や内臓疾患、精神疾患を問いません。先天性・後天性ともに問いません。後天性の障害には、高次脳機能障害や脳梗塞や脳出血の後遺症、ガンや、精神疾患である統合失調症などその種類は幅広いものがあります。ただし、精神疾患に該当する不安障害・パニック障害・人格障害などの「神経症」は障害年金の対象外とされているため、注意が必要です。

■ 障害年金制度のしくみ

障害等級	国民年金	厚生年金保険
1級	障害基礎年金 子の加算	障害厚生年金 配偶者の加給年金
2級	障害基礎年金 子の加算	障害厚生年金 配偶者の加給年金
3級		障害厚生年金

■ 障害の程度

重い障害 （1級障害）	やや重い障害 （2級障害）	やや軽い障害 （3級障害）	軽い障害 （一時金）
常時介護を要する人	常時ではないが随時介護を要する人	労働が著しく制限を受ける人	聴力や視力、言語に障害があるなど生活に制限を受ける人
1級障害基礎年金 1級障害厚生年金	2級障害基礎年金 2級障害厚生年金	3級障害厚生年金	障害手当金

第6章 ◆ 被災労働者のための障害年金のしくみと受給手続き　211

■■ 障害等級は何に定められているのか

　障害等級を認定する基準には、政令で定められた「障害等級表」と客観指標である「障害認定基準」の2種類があります。障害等級表の等級は、障害のある人が申請することで入手することが可能な障害手帳に記載されている等級とはまったく別のものであり、障害手帳を持っていなくても年金の受給が可能な場合もありますが、障害手帳の等級が1級でも年金を受給できない場合もあるのです。

　障害基礎年金は障害等級1～2級、障害厚生年金は障害等級1～3級に該当した場合に支給されます。そのため、障害等級1級・2級に該当する障害の状態は国民年金法施行令別表に、3級に該当する障害の状態は厚生年金保険法施行令別表第1に、それぞれ規定されています。また、障害手当金の障害の状態については、厚生年金保険法施行令別表第2に規定されています。

　おおよその程度としては、ほぼ寝たきりで日常生活に支障をきたしている場合は、1級に該当、何とか日常生活をこなす程度であり、外出が厳しい状態は2級に該当、就労することが難しい、あるいは就労内容が制限されてしまう状態は、3級に該当します。

■■ 世帯収入や本人の収入によって上限はあるのか

　障害年金は、年齢・障害等級・保険料納付の3つの要件を満たすことで受給できる年金です。世帯単位である程度の収入がある場合でも関係なく受け取ることができます。したがって、就労する親や配偶者、子供と同居しており、たとえその世帯全体が高収入の場合でも、障害年金の支給が可能です。ただし、例外的に20歳未満に初診日がある傷病を負ったことで障害基礎年金を受給している方、特別障害給付金の対象者については、収入制限があります。これは、いずれもケースの保険料を納付していないにもかかわらず年金が受給できることになっているからです。

212

資料　障害等級表（1級と2級）

障害の程度		障害の状態
級	号	
1級	1	両眼の視力の和が 0.04 以下のもの
	2	両耳の聴力レベルが 100 デシベル以上のもの
	3	両上肢の機能に著しい障害を有するもの
	4	両上肢のすべての指を欠くもの
	5	両上肢のすべての指の機能に著しい障害を有するもの
	6	両下肢の機能に著しい障害を有するもの
	7	両下肢を足関節以上で欠くもの
	8	体幹の機能に座っていることができない程度又は立ち上がることができない程度の障害を有するもの
	9	前各号に掲げるもののほか、身体の機能の障害又は長期にわたる安静を必要とする病状が前各号と同程度以上と認められる状態であって、日常生活の用を弁ずることを不能ならしめる程度のもの
	10	精神の障害であつて、前各号と同程度以上と認められる程度のもの
	11	身体の機能の障害若しくは病状又は精神の障害が重複する場合であって、その状態が前各号と同程度以上と認められる程度のもの
2級	1	両眼の視力の和が 0.05 以上 0.08 以下のもの
	2	両耳の聴力レベルが 90 デシベル以上のもの
	3	平衡機能に著しい障害を有するもの
	4	そしゃくの機能を欠くもの
	5	音声又は言語機能に著しい障害を有するもの
	6	両上肢のおや指及びひとさし指又は中指を欠くもの
	7	両上肢のおや指及びひとさし指又は中指の機能に著しい障害を有するもの
	8	一上肢の機能に著しい障害を有するもの
	9	一上肢のすべての指を欠くもの
	10	一上肢のすべての指の機能に著しい障害を有するもの
	11	両下肢のすべての指を欠くもの
	12	一下肢の機能に著しい障害を有するもの
	13	一下肢を足関節以上で欠くもの
	14	体幹の機能に歩くことができない程度の障害を有するもの
	15	前各号に掲げるもののほか、身体の機能の障害又は長期にわたる安静を必要とする病状が前各号と同程度以上と認められる状態であって、日常生活が著しい制限を受けるか、又は日常生活に著しい制限を加えることを必要とする程度のもの
	16	精神の障害であって、前各号と同程度以上と認められる程度のもの
	17	身体の機能の障害若しくは病状又は精神の障害が重複する場合であって、その状態が前各号と同程度以上と認められる程度のもの

（備考）視力の測定は、万国式試視力表によるものとし、屈折異常があるものについては、矯正視力によって測定する。

資料 障害等級表（3級）

障害の程度		障害の状態
級	号	
3級	1	両眼の視力が 0.1 以下に減じたもの
	2	両耳の聴力が、40 センチメートル以上では通常の話声を解することができない程度に減じたもの
	3	そしゃく又は言語の機能に相当程度の障害を残すもの
	4	脊柱の機能に著しい障害を残すもの
	5	一上肢の三大関節のうち、二関節の用を廃したもの
	6	一下肢の三大関節のうち、二関節の用を廃したもの
	7	長管状骨に偽関節を残し、運動機能に著しい障害を残すもの
	8	一上肢のおや指及びひとさし指を失ったもの又はおや指若しくはひとさし指を併せ一上肢の三指以上を失ったもの
	9	おや指及びひとさし指を併せ一上肢の四指の用を廃したもの
	10	一下肢をリスフラン関節以上で失ったもの
	11	両下肢の十趾の用を廃したもの
	12	前各号に掲げるもののほか、身体の機能に、労働が著しい制限を受けるか、又は労働に著しい制限を加えることを必要とする程度の障害を残すもの
	13	精神又は神経系統に、労働が著しい制限を受けるか、又は労働に著しい制限を加えることを必要とする程度の障害を残すもの
	14	傷病が治らないで、身体の機能又は精神若しくは神経系統に、労働が制限を受けるか、又は労働に制限を加えることを必要とする程度の障害を有するものであって、厚生労働大臣が定めるもの

（備考）

1．視力の測定は、万国式試視力表によるものとし、屈折異常があるものについては、矯正視力によって測定する。

2．指を失ったものとは、おや指は指節間関節、その他の指は近位指節間関節以上を失ったものをいう。

3．指の用を廃したものとは、指の末節の半分以上を失い、又は中手指節関節若しくは近位指節間関節（おや指にあっては指節間関節）に著しい運動障害を残すものをいう。

4．趾の用を廃したものとは、第一趾は末節の半分以上、その他の趾は遠位趾節間関節以上を失ったもの又は中足趾節関節若しくは近位趾節間関節（第一趾にあっては趾節間関節）に著しい運動障害を残すものをいう。

2 障害基礎年金のしくみと受給額について知っておこう

初診日・障害等級・保険料納付の要件に該当すれば請求できる

■■ どんな場合に障害基礎年金を受給できるのか

障害基礎年金は、原則として次の３つの要件をすべて充たしている場合に支給されます。

① 初診日に国民年金に加入していること。または、過去に国民年金の加入者であった60歳から65歳の人で、日本国内に在住していること

② 初診日から１年６か月を経過した日、または治癒した日（障害認定日）に障害等級が１級または２級に該当すること

③ 初診日の前日に保険料納付要件を充たしていること

なお、③の保険料納付要件とは、初診日の月の前々月までに国民年金の加入者であったときは、全加入期間のうち保険料の納付期間と免除期間が３分の２以上を占めることをいいます（65歳未満の時点で初診日を迎えた場合については、初診日が属する月の２か月前までの１年間に保険料未納期間がないことを意味します）。

■■ ３つの要件についての注意点

障害基礎年金をもらえる人は、国民年金の加入者か老齢基礎年金をまだ受け取っていない60〜65歳の人で、障害等級が１級か２級と認定され、さらに国民年金の保険料の滞納が３分の１未満の人ということになります。

障害年金制度に年齢要件が設けられているのは、他の年金と重複しないようにするためです。年金は国民の生活保障のために支給されるものであるため、一人あたり１つの年金が支給されます。たとえば、65歳を迎えた場合、支給要件を満たす国民であればすべてが老齢年金

第６章 ◆ 被災労働者のための障害年金のしくみと受給手続き　215

の支給対象者となります。したがって、障害基礎年金には65歳未満という要件が存在するのです。

また、③の保険料納付要件に関する規定では、特例として初診日が2026年3月31日以前の場合、初診日の月の前々月までの直近1年間に保険料の滞納がなければ受給できることになっています。ただし、初診日が基準となるため、病気やケガで診察を受けて、障害が残りそうだということで慌てて滞納分を払いに行っても、時すでに遅しで、給付対象にはなりません。

②の障害認定日において認定が必要な等級は、障害基礎年金の場合は障害等級が1級または2級、障害厚生年金の場合は障害等級1級または2級、3級が必要であることにも、それぞれ注意が必要です。障害等級に該当する障害には、身体の障害や内臓疾患による障害に加え、

■ 障害給付の保険料納付済期間

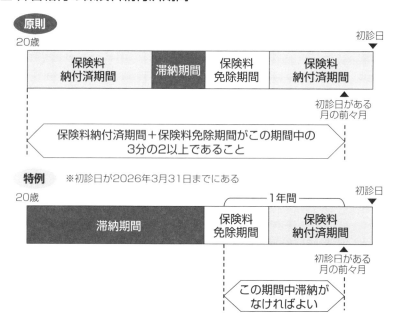

精神障害も含まれます。

　なお、「治癒した」とは、一般的なイメージで言う「治る」とは異なり、症状が固定し、障害の原因になる病気やケガの治療行為が終わることです。「完治した」という意味ではありません。

■■ 納付する保険料額について

　障害基礎年金が支給されるための要件のひとつとして、保険料納付要件が挙げられます。これは、国民年金第1号被保険者または任意加入被保険者の場合は国民年金保険料を支払った期間、第2号被保険者の場合は厚生年金保険料を支払った期間で判断されます。なお、第3号被保険者の場合は2号被保険者の被扶養者であるため保険料の納付は不要です。国民年金保険料は、平成30年度の場合は毎月16,340円です。厚生年金保険料の場合は、収入に応じて定められた標準報酬月額に該当する金額となります。つまり、所得の金額に比例して保険料額が増減する点に注意が必要です。

■■ 障害基礎年金の受給額

　障害基礎年金は、加入期間の長短に関係なく障害の等級によって定額になっています。

　支給額については一定期間ごとに見直しが行われており、平成30年度の基準からは、1級が年額97万4,125円（2級の125％にあたる）、2級が年額77万9300円（老齢基礎年金の満額と同額）です。それに加えて18歳未満の子（または一定の障害をもつ20歳未満の子）がいる場合は、子1人につき22万4,300円（3人目からは7万4,800円）が加算されます。

　いずれの場合も、障害認定日から障害に該当する限りは一生涯にわたり支給されます。

第6章 ◆ 被災労働者のための障害年金のしくみと受給手続き　217

3 障害厚生年金のしくみと受給額について知っておこう

厚生年金の加入者が受け取ることのできる年金である

■■ どんな場合に障害厚生年金を受給できるのか

　障害厚生年金は、厚生年金保険による生活保障年金です。支給要件については、障害基礎年金と同じ内容となっています。そして、障害厚生年金を受給するには下記の要件に該当する必要があります。

① 　厚生年金へ加入している期間中に初めて医師の診療を受けた初診日が該当していること

② 　障害等級に該当する障害を抱えていること

③ 　初診日前日の時点で、以下のいずれかの保険料納付要件を満たしていること

ⓐ 　初診日のある月の2か月前までの公的年金加入期間のうち、3分の2以上の期間は保険料が納付または免除されていること

ⓑ 　初診日に65歳未満の者であり、初診日のある月の2か月前までの1年間に、保険料の未納期間が含まれていないこと

■■ 要件についての注意点

　障害厚生年金は、厚生年金の加入者を対象とした年金であるため、先天性の障害を抱える場合は原則として支給の対象にはなりません。

　ただし、先天性の障害であっても、実際に詳しい障害が判明するのが年を重ねた時点になる場合があります。たとえば、先天性の股関節脱臼を抱えている場合でも、実際には成人になってから痛みなどで生活に支障をきたすケースなどが挙げられます。

　この場合、実際に痛みを感じて医師の診察を受けた初診日の時点で厚生年金へ加入している事実があれば、たとえ痛みの原因が先天性の

218

障害であっても障害厚生年金の請求を行うことができる可能性があります。なぜなら、障害年金の初診日の概念は医学的なものとは異なるため、医師が「先天性である」と医学的見解で判断を行ったとしても、障害年金の支給要件としての見解では初診日の時期が違うケースが生じるからです。

▆ 納付する保険料額について

　障害厚生年金を受給するためには、厚生年金へ加入し、厚生年金保険料を納付する必要があります。

　実際の金額は、31等級に分類された標準報酬に基づき、一定の率（平成29年9月以降は被保険者の保険料率は18.300％に固定）を乗じた金額となります。ただし、原則として厚生年金保険料は被保険者と事業所で折半して納付するため、実際に支払う場合は上記の金額を2で除した金額となります。

▆ 障害厚生年金の受給額

　障害厚生年金は、1級障害の場合は老齢厚生年金の1.25倍、2級障害の場合は老齢厚生年金と同一の金額が支給されます。

　障害の程度や収入に応じた金額が支給されるのが原則となるため、障害厚生年金の支給額は、その人の障害の程度や収入に応じて異なった金額になります。

　障害厚生年金の額を計算する場合、平成15年4月以降の期間とそれより前の期間とで、計算方法が異なります（次ページ図）。厚生年金保険への加入期間の長さも関係します（現役会社員で加入期間が300か月に満たない場合は、300か月の加入期間があったものとみなして支給額が算出されます）。

　障害厚生年金の場合、障害基礎年金と異なり、子どもがいる場合の加算はありません。その代わり、1級、2級の場合は受給権が発生し

第6章 ◆ 被災労働者のための障害年金のしくみと受給手続き　219

た当時、その者により生計を維持していた65歳未満の配偶者がいる場合は加給年金額22万4,300円が加算されます。3級の場合は加給年金がありませんが、58万4,500円が最低保障額として定められています。

■ 障害給付の受給額

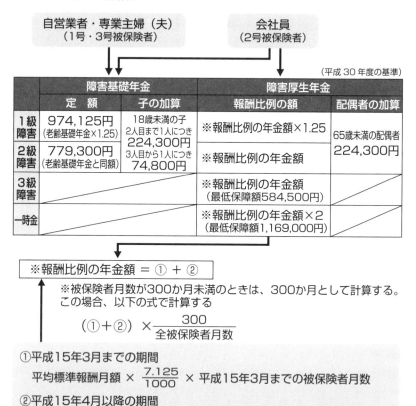

相談 世帯収入がある場合の受給の可否

Case 自分には収入がないのですが、世帯収入がある場合、受給できるのでしょうか。専業主婦の場合はどうでしょうか。

回答 たとえば、もともと共働き世帯として働いて収入を得ていた妻が障害により心身の状態に支障をきたし、入院や療養のために仕事ができなくなる場合があります。年金は、国民の生活保障のために国から支給されるものです。したがって、このように夫婦の片方が就労できなくなったとしても、片方が就労し、収入を得ている場合は年金が支給されないのではないかと不安になるケースが見られます。

しかし、実際は世帯全体での収入がある状態でも、障害等級に該当する障害がある場合であれば障害年金を受け取ることが可能です。障害を抱えた状態で生活をする場合は、何かと医療費などの負担がかかるものです。初診日要件や保険料納付要件を充たすのであれば、年金請求の手続きをしましょう。なお、働いている期間に障害にまつわる初診日が該当する場合は、障害厚生年金を受け取ることができる可能性があります。さらに、障害の程度によっては配偶者加算を受給できる場合があるため、必ず確認をしましょう。

また、専業主婦の場合も同様で、本人の収入がゼロであっても障害年金を受け取ることができます。もし、専業主婦が障害のために家事仕事ができなくなり、別の人に家事実施の依頼を行えば、それなりの出費となるため、生活保障が行われるしくみになっています。具体的には、配偶者の扶養に入っている第3号被保険者であれば男女問わず、期間内に初診日が該当することで障害年金を受け取ることが可能です。

なお、18歳未満の子を持つ第3号被保険者が、該当する障害等級が2級よりも重い障害を負った場合は、子の数に応じて年金額に加算が行われます。

第6章 ◆ 被災労働者のための障害年金のしくみと受給手続き　221

4 障害手当金のしくみと受給額について知っておこう

3級に満たない障害に該当することで受給できる一時金である

■■ 障害手当金とは

障害手当金は、初診日から5年経過日までに症状が治癒した日に障害等級3級に満たない障害、つまり4級以下の障害に該当すれば支給される一時金のことです。障害手当金は、病気やケガで初めて医師の診療を受けた日(初診日)において被保険者であった者が、その初診日から起算して5年を経過する日までの間にその病気やケガが治った日に、一定の障害の状態に該当した場合に支給されます。ただし、障害手当金を受給すると、その後に障害の程度が悪化しても同一の疾患について障害給付を受給できなくなる場合があります。そのため、障害手当金の受給は慎重に行うことが重要です。

障害手当金は、初診日に障害厚生年金に加入していなければ支給されません。また、初診日の前日において、初診日の属する月の前々月までに被保険者期間があり、その被保険者期間のうち、保険料納付済期間と保険料免除期間をあわせた期間が被保険者期間の3分の2未満である場合は支給されません。

ただし、2026年4月1日より前に初診日のある障害で、初診日の前日において初診日の属する月の前々月までの1年間に保険料の未納がない場合には障害手当金が支給されるという特例措置があります。

障害手当金の支給額は、報酬比例の年金額の2倍相当額で、最低保障額(平成30年度は116万9,000円)が定められています。障害手当金の額には物価スライドは適用されませんが、本来の2級の障害基礎年金の額の4分の3に2を乗じて得た額に満たないときは、最低保障額を見直します。

■■ 障害手当金を受給できない場合

　障害を定める日において、公的年金給付、公務員や教職員の補償の対象者、障害補償や船員保険法の規定による障害を支給事由とする年金給付の受給権者には、障害手当金が支給されません。

　また、先天性障害を抱えている者の場合も、原則として支給されません。ただし、先天性障害であっても、年齢を重ねることで悪化し、成人して厚生年金に加入している状態で障害手当金の支給要件に該当した場合は、受け取ることができます。

　なお、公的年金における障害給付の受給権者で障害等級１〜３級に該当せず３年が経過した者（現に障害状態に該当しない者に限る）は、障害手当金の支給を受けることができます。

■ 障害手当金の対象になる障害 ……………………………………

- ・両眼の視力が0.6以下に減じたもの
- ・１眼の視力が0.1以下に減じたもの
- ・両眼のまぶたに著しい欠損を残すもの
- ・両眼による視野が２分の１以上欠損したものまたは両眼の視野が10度以下のもの
- ・両眼の調節機能および輻輳機能に著しい障害を残すもの
- ・１耳の聴力が、耳殻に接しなければ大声による話を解することができない程度に減じたもの
- ・そしゃくまたは言語の機能に障害を残すもの
- ・鼻を欠損し、その機能に著しい障害を残すもの
- ・脊柱の機能に障害を残すもの
- ・１上肢の３大関節のうち、１関節に著しい機能障害を残すもの
- ・１下肢の３大関節のうち、１関節に著しい機能障害を残すもの

- ・１下肢を３cm以上短縮したもの
- ・長管状骨に著しい転位変形を残すもの
- ・１上肢の２指以上を失ったもの
- ・１上肢のひとさし指を失ったもの
- ・１上肢の３指以上の用を廃したもの
- ・ひとさし指を併せ１上肢の２指の用を廃したもの
- ・１上肢のおや指の用を廃したもの
- ・１下肢の第１趾または他の４趾以上を失ったもの
- ・１下肢の５趾の用を廃したもの
- ・前各号に掲げるもののほか、身体の機能に、労働が著しい制限を受けることを必要とする程度の障害を残すもの
- ・精神または神経系統に、労働が著しい制限を受けるか、または労働に著しい制限を加えることを必要とする程度の障害を残すもの

第６章 ◆ 被災労働者のための障害年金のしくみと受給手続き　　223

相 談 障害の程度が緩和あるいは悪化した場合

Case 後で障害の程度が緩和あるいは悪化するとどうなるのでしょうか。

回 答 傷害の程度の変化に応じて事後重症・増進改定に該当し、年金額が改定されます。障害年金の受給中に障害の程度が変わった場合、障害年金の額が改定されます。障害年金は、原則として「有期」の年金です。障害等級に該当する限りは支給継続される点に変わりはないものの、ほとんどの障害年金には1〜5年ごとの更新時期が定められています。更新時には、障害状態が継続されていることを証明するための診断書や障害状態確認届など書類を届け出なければなりません。この更新時に障害等級が重くなればその等級に基づいて給付額が増え、軽くなれば減額になります。そして、障害等級の該当から外れた場合は、年金は支給されません。なお、障害が重くなった場合、支給額の増額申請ができるのは65歳までと定められています。

　障害年金の改定は、具体的に次のケースが想定されています。それぞれのケースにおいて、障害年金支給の改定が行われます。

① **事後重症**

　障害認定日の時点では、障害等級が1〜3級に該当しなかったものの、後に症状が悪化して、等級が1〜3級に該当するようになった場合に該当します。図（次ページ）の⑧のケースに該当し、障害認定日以降に障害等級に該当した場合、請求した月の翌月から障害年金の受給ができます。65歳以降は事後重症の申請を行うことはできません。

② **増進改定**

　障害認定日には障害等級が2〜3級で障害年金を受給していたものの、後に症状が悪化して1〜2級に該当するようになった場合に該当します。増進改定は、65歳以降でも申請することができます。

224

●3級から2級に該当した場合

　障害等級3級の者が2級以上に該当することになった場合は、障害基礎年金と障害厚生年金で扱いが異なります。これは、障害基礎年金の等級が2級、障害厚生年金の等級が3級まで定められていることが原因です。この場合、障害基礎年金は事後重症、障害厚生年金は増進改定になります。また、65歳以降の申請は認められないため、障害基礎年金は受け取れず、障害厚生年金も増額されません。しかし、もともと2級以上の者が後に3級となり、その後再度2級以上になった場合は、65歳以降でも改定申請ができます。以前は障害基礎年金を受け取っていたという理由から、受給権は消滅しておらず、増進改定が認められるためです。

■ 事後重症と障害年金の請求

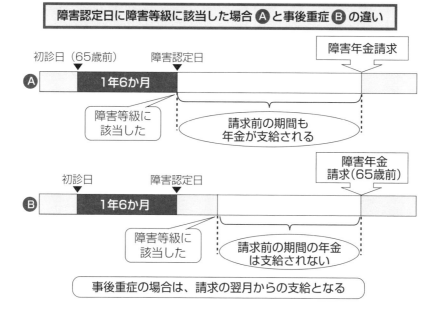

相談 後から障害認定日請求をすることの可否

Case 事後重症を理由に年金を請求したのですが、障害認定日に要件を充たしていたことが後からわかりました。障害認定日請求することはもうできないのでしょうか。

回答 事後重症請求を行った上で障害年金を受け取っていたものの、新たに障害認定日における要件を充たしていたことが判明した場合や、障害認定日に遡った請求ができることを知らず、後日気づいた場合などは、改めて障害認定日の請求をやり直すことができます。実際に障害認定請求を行う場合は、現在の年金請求の取り下げと、新たに請求をやり直す手続きを同時に取ることになります。必要書類としては、年金請求書と加給年金対象者がいる場合は証明書類、障害認定日時点での診断書、病歴・就労状況等申立書（事後重症請求時～障害認定日請求までの期間分）など、障害認定日請求に必要な書類が挙げられます。それに加え、事後重症請求時に受け取った年金証書や取下げ書、請求切り替えに至った経緯を記す理由書が必要です。理由書にはフォーマットが用意されていないため、自身の言葉でなぜ今回の請求に至ったかを記載します。実際に障害認定日まで遡って請求を行い、認定された場合は、認定による障害年金に加え、障害認定日までの期間分の障害年金を受け取ることができます。たとえば、障害認定日から3年経過した時点で障害認定日請求を行い、認められた場合は、3年分の障害年金をまとめて受け取ることが可能です。事後重症請求に比べ、遡った請求分も上乗せ支給されるため、かなりのメリットがあるといえます。ただし、遡ることができる期間には時効があり、5年が限度とされています。したがって、5年を超える期間をおいた上で障害認定日請求を実施した場合は、請求時以前5年分しか遡ることができないため、さほどのメリットは見込めないことになります。

5 労災や健康保険の給付も同時に受給できるのかを知っておこう

労災保険、健康保険の給付は調整が行われた上で一部または全部が減額される

■■ 障害年金と労災保険の給付の調整

　通勤途中や、業務中の事故が原因で障害を負った場合、障害年金に加えて、労災保険からも給付があります。

　労災保険（正式には労働者災害補償保険といいます）とは、仕事中や通勤途中に発生した労働者のケガ、病気、障害、死亡に対して、必要な保険給付を行う制度のことです。業務上または通勤途中の事故や病気などの保険事故に対応して、①療養（補償）給付、②休業（補償）給付、③傷病（補償）年金、④障害（補償）給付、⑤遺族（補償）給付、⑥葬祭料（葬祭給付）、⑦介護（補償）給付、⑧二次健康診断等給付、の8つの保険給付が行われます。

　年金制度の障害年金との関係で問題が生じるのが障害（補償）給付です。傷病が治癒したときで、一定の障害が残った場合に障害等級に応じて支給されます。第1級～第7級の場合は給付基礎日額の313日～ 131日分の障害（補償）年金、第8級～第14級の場合は給付基礎日額の503日～ 56日分の障害（補償）一時金が支給されます。

　障害年金と労災保険は別の制度であるため、両方の受給要件を満たせば、両方の給付を受けることができます。しかし、この場合、労災保険からの給付との調整が行われます。具体的には、労災保険が12 ～ 27％の範囲内で減額されて支給されます。

■■ 障害年金と傷病手当金の調整

　傷病手当金は、健康保険から支給される給付のひとつです。健康保険とは、業務外での疾病や負傷、死亡、出産などを迎えた際に受ける

第6章 ◆ 被災労働者のための障害年金のしくみと受給手続き　227

ことができる、公的な医療保険制度です。健康保険は、すべての公的
医療保険を網羅するものですが、「健康保険」というと、「国民健康保
険」との比較で協会けんぽや健康保険組合が運営する被用者（会社員
などの労働者等のこと）の健康保険を指すことが多いようです。

　傷病手当金は、健康保険の被保険者が業務外の病気やケガで働くこ
とができなくなり、その間の賃金を得ることができないときに、受給
することができる生活費です。傷病手当金の給付を受けるためには、
療養のために働けなくなり、その結果、連続して３日以上休んでいた
ことが要件となります。傷病手当金の支給額は、１日につき標準報酬
日額の３分の２相当額です。会社などから賃金の一部が支払われたと
きは、傷病手当金と支払われた賃金との差額が支払われます。支給期
間は１年６か月です。

　傷病手当金も労災保険と同様、受給要件を充たせば、障害年金との
併給が可能です。ただし、この場合も前述した労災保険の給付と同様
に調整が行われ、具体的には障害年金の支給額分に相当する傷病手当
金が減額されます。

　したがって、障害年金額が傷病手当金額よりも高い場合は、傷病手
当金は支給されません。

■■ 障害基礎年金と老齢厚生年金の調整

　かつては１人１年金を原則とする考え方から、障害基礎年金と老齢
厚生年金、遺族厚生年金の併給は認められていませんでした。

　しかし、制度が変更され、平成18年４月からは、障害基礎年金と老
齢厚生年金の併給、障害基礎年金と遺族厚生年金の併給が可能になっ
ています。

　ただし、基礎年金同士である障害基礎年金と老齢基礎年金の併給は
認められません。

■ 労災保険調整率

		併給される社会保険の給付		
		国民年金および厚生年金保険	厚生年金保険のみ	国民年金のみ
支給される労災保険の保険給付	傷病(補償)年金休業(補償)給付	障害厚生年金および障害基礎年金 0・73	障害厚生年金 0・88	障害基礎年金 0・88
	障害(補償)年金	障害厚生年金および障害基礎年金 0・73	障害厚生年金 0・83	障害基礎年金 0・88
	遺族(補償)年金	障害厚生年金および障害基礎年金 0・80	障害厚生年金 0・84	障害基礎年金 0・88

■ 厚生年金からの障害給付と労災保険給付の受給調整

障害給付の種類	障害補償年金の減額率
障害基礎年金+障害厚生年金	27%
障害厚生年金のみ	17%
障害基礎年金のみ	12%

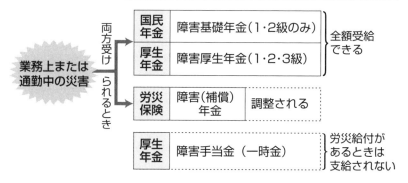

6 障害年金の請求パターンについて知っておこう

障害認定日の翌月に遡って請求できる場合もある

■■ 障害年金の請求

　障害年金の請求手続きは、原則として初診日から1年6か月を経過した日（障害認定日）の障害の状態を判断の基準として行います。この方法で障害年金を請求することを、判断基準となる日の名称をとり障害認定日請求といいます。なお、初診日から1年6か月を経過する前に治癒した場合（症状が固定し、治療の効果が期待できない状態となったとき）は、例外として、1年6か月を経過していなくても、その治癒したときを基準に裁定請求をすることができます。たとえば、心臓の障害の場合はペースメーカーを装着した日、肢体の障害の場合は切断をした日、などが障害認定日になります。

　なお、裁定請求の手続きは障害認定日以降に行うことになります。障害認定日以降とは、具体的には認定日から1年以内の期間で、この期間に請求することを本来請求といいます。本来請求として裁定請求を行い、認定された場合は障害認定日の翌月分から障害年金を受給できるようになります。

　また、障害年金の請求には、本来請求の他に遡及請求という方法があります。これは、障害認定日から1年を経過した場合でも、障害認定日に遡って請求を行う方法のことです。遡及請求を行うためには、障害認定日より3か月以内に診察した医師による診断書に加え、請求を行う時点での診断書が必要になります。ただし、遡及請求を行う場合は、最大5年分しか遡ることができない点に注意が必要です。これは、障害年金の時効は5年となっているためで、請求が遅れて5年を超えた場合は、請求日から遡って5年間分しか受給することができま

230

せん。たとえば、障害認定日の7年後に裁定請求をした場合、請求日から5年分しか支給されず、残りの2年分は受給することができないということになります。

■■ 事後重症による請求

初診日から1年6か月が経過した日（障害認定日）には障害年金を受けるほどの状態ではなかったものの、その後悪化して障害等級に該当する程度になった場合は、65歳の誕生日前々日までであれば、そのときに裁定請求することができます。このことを事後重症による請求といいます。障害認定日に障害等級に該当していなかったという場合だけでなく、受診歴やカルテがないために、障害認定日に障害等級に該当していたことを証明できないという場合にも、事後重症による請求をすることになります。なお、事後重症による請求の場合の障害年金は、請求日の翌月分から支給されることになります。

■■ 初めて2級障害による請求

その他、初めて2級による請求（2つ以上の障害を合わせて、初めて障害等級が2級以上になったときに、裁定請求をすること）によって支給を受けるという方法もあります。

「初めて2級障害」とは、すでに2級より下と判断される何らかの

■ 初めて2級障害のしくみ

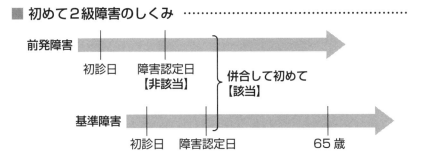

障害を持っている者に対して新たな障害が発生した場合に、既存の障害と新たな障害を併合することで「初めて障害等級2級以上に該当した場合」のことです。この場合の新たな障害のことを基準障害といい、「初めて2級障害」のことを「基準障害による障害年金」と呼ぶ場合もあります。

　この「初めて2級障害」に該当した場合は、後発の新たな傷病に対する初診日を基準として、初診日における被保険者等要件と保険料納付要件をクリアしているかを判断します。一方、先に発生していた既存の障害にまつわる被保険者要件や保険料納付要件は一切問われることはありません。

　基準障害における被保険者等要件と保険料納付要件の具体的内容は、通常の障害年金の場合と同様です。基準障害の初診日の前日において、保険料を未納している期間が1年以上ある場合や、納めるべき期間の3分の1以上が未納である場合は受給することができません。

　申請は、原則として65歳までに行う必要があります。ただし、65歳になる前日までに障害等級2級以上に該当した場合は年金の受給権が発生するため、65歳を超えても請求できます。

　被保険者要件と保険料納付要件を充たした上で請求を行った場合、請求月の翌月より、既存の障害と基準障害を併合した新たな障害の程度に該当する障害年金が支給されます。なお、老齢基礎年金を繰り上げ受給している場合は請求ができません。また、過去に遡っての支給は行われないため、早急に手続きをするのがよいでしょう。

相談 障害年金を遡って請求できるか

Case うつ病を発症して６年になります。最近になって障害年金という制度を知ったのですが、今からでも請求できるのでしょうか。

回答 障害年金は、成人の場合なら初診日から１年６か月以降、もしくは症状が治癒した状態で障害認定日（障害状態の認定を受けた日）以降であれば請求を行うことができるものです。つまり、障害認定を受けた後に「自分は障害がある状態となります」と国に申請を行い、生活保障を受けるという流れをとります。そして、障害認定日以降に障害を請求する方法には２種類あります。１つは、現時点における障害で請求を受ける場合で、事後重症請求という方法が挙げられます。もう１つは、障害認定日まで遡って請求を受ける場合で、障害認定日請求という方法があります。この障害認定日請求を行うことは遡及請求とも呼ばれています。今回のケースの場合、うつ病と診断されて６年を経過しているとのことですが、このケースでも遡及請求を行うことが可能のため、請求の手続きを取るべきだといえるでしょう。実際に障害認定日請求を行う場合、まずは障害認定日以降３か月以内の診断書を添付しなければなりません。この診断書は実際のカルテに沿った内容で記されている必要があります。ただし、二十歳前傷病の障害基礎年金の場合は期間が異なり、認定日前後３か月以内とされています。次に、障害認定を受けた時点におけるカルテの準備も必要です。これは、同時に提出される診断書がカルテに沿った内容であるか確認するために要する書類でもあります。その上で、自身の抱える障害が要件に該当する障害等級にあてはまることが必要です。

なお、当時の診断書やカルテがない場合や、障害の状態が軽度になっている場合など、障害認定日請求の要件に合致しない場合は、事後重症請求を行う方法に切り替えて準備を進める必要があります。

第６章 ◆ 被災労働者のための障害年金のしくみと受給手続き　　233

7 障害年金はいつから受給できるのかを知っておこう

請求の内容に応じて支給開始時期が異なる

■■ いつから支給開始されるのか

障害年金は、年金を請求した時期に応じて、支給開始される時期が異なります。

まず、障害認定日に障害等級に該当しており、その上で認定日1年以内に請求を実施する「本来請求」の場合は、認定が下りた場合は障害認定日の翌月より支給が開始されます。

一方、請求の時点で障害認定日より1年を過ぎている状態で遡って請求を行う「遡及請求」の場合は、基本的には障害認定日の翌月より支給が開始されますが、遡ることができる期間は最長5年となる点に注意が必要です。遡及請求の場合は65歳を超えた状態でも請求し、受け取ることが可能です。

また、障害認定日後に障害等級に該当することで請求を行う「事後重症請求」の場合は、請求した月の翌月より支給が開始されます。過去に遡って請求を行わない点が、遡及請求とは異なります。事後重症請求の場合は、65歳を迎える前に請求を済ませる必要があります。

その他、もともと障害等級に該当しない障害を抱えている人が新たに傷病を患うことで障害等級に該当する状態となった場合には、後に患った傷病における初診日で受給要件が審査され、請求した月の翌月から支給が開始されます。この場合は、65歳になる前に障害等級に該当する障害を抱えていれば、65歳を超えても請求を行うことが可能です。

■■ いつまで受け取れるのか

支給開始された障害年金は、受取人が死亡または障害状態を外れた

場合には支給停止されます。つまり障害状態が改善しない限り一生涯死ぬまで受け取り続けることが可能です。

　老齢年金を受給することになった場合に支給される年金については、年齢に応じて異なります。たとえば、65歳までに老齢年金の支給を受けることになった場合は、老齢年金と障害年金のうち年金額が高い方を選択することになります。

　一方、65歳を迎えて老齢年金を受け取ることになった場合は、①老齢基礎年金と老齢厚生年金、②障害基礎年金と障害厚生年金、③障害基礎年金＋老齢厚生年金のいずれかの組み合わせのうち、最も高額となる内容を選択して受け取ることができます。

■ 障害年金支給の開始と終了 ···

請求の種類		請求日	支給開始月	支給の終了
障害認定日請求	本来請求	制限なし	障害認定日の翌月分から	受取人が死亡したとき
	遡及請求	制限なし	同上（5年の時効あり）	
事後重症請求		65歳に達する日の前日まで	請求日の翌月分から	受取人が障害状態を外れたとき
初めて2級請求		制限なし	請求日の翌月分から	

相談 受給するために何から始めればよいのか

Case 職場での勤務が原因でうつ病を発症し、日常生活にも支障をきたすようになりました。そこで障害年金の受給を希望しているのですが、具体的にどのような手続きが必要になるのでしょうか。

回答 障害年金を受給するには、定められた受給要件を満たす必要があります。まずは、受給の可能性があるかを検討してみましょう。

第一に確認すべきなのは初診日です。初診日とは、年金の受給を検討している障害のもととなっているうつ病等の病気やケガについて、初めて病院の医師による診療を受けた日のことです。初めて体調不良を感じた日について思い出してみましょう。すぐに思い出せない場合は、病院の領収証や保険調剤明細書、お薬手帳などを確認し、かかった日とかかった病院名を割り出します。このような場合に備え、日頃から領収証や明細書を整理しておく方法が重要です。

次に確認すべきことは、対象となる障害の程度です。障害基礎年金を受給する場合は障害等級1級または2級、障害厚生年金を受給する場合は障害等級1級または2級、3級に該当する必要があります。まずは、自身の症状がどのような内容であるかを確認する必要があります。肉体的な部分における障害の場合は歩行や食事、入浴、掃除や洗濯などの日常生活への支障はどの程度生じているのかを洗い出します。

検査の数値により障害の等級が決定する症状もあるため、かかりつけの医師にも相談してみましょう。一方、専ら精神的な部分における内容の場合は、診断された病名や、その症状によって日常生活への支障がどの程度生じているのかを確認します。

特に自身や家族の障害の状態が長引くと、心身ともに疲労が蓄積してしまい、なかなか確認作業が進まないケースもあります。このような場合は、社会保険労務士などの専門家に相談してみるのも有効です。

8 提出書類を用意するときに気をつけること

診断書、受診状況等証明書、病歴・就労状況等申立書等が必要である

■■ どんな書類を提出するのか

障害年金を請求するには、さまざまな書類を準備し、提出しなければなりません。たとえば、重要なものには年金請求書が挙げられます。年金請求書とは、年金をもらうための請求書のことです。年金は、すべて請求制度をとっているため、この請求作業を行わなければ受け取ることができません。年金請求書は、最寄りの年金事務所や役所で入手することが可能です。請求書は年金の種類によって異なるため、必ず障害年金を受給する旨を伝え、入手しましょう。受け取ったら、基礎年金番号や生年月日、氏名などの基本的情報の他、受取りを希望する口座番号や加給対象者などを記載して提出します。

さらに、障害年金の請求には確実に必要となる受診状況等証明書や医師による診断書、病歴・就労状況等申立書の準備もしなければなりません。受診状況証明書は初診日を証明するための書類で、初めて受診した医療機関に作成を依頼します。これらの書類は必ず直接取りに行く手はずを整え、その場で不備がないか確認することが重要です。

診断書は障害の具体的な内容について証明するための書類で、医師に発行を依頼します。そして、病歴・就労状況等申立書は、請求する本人やその家族が、障害にまつわる具体的な状況を記載するための書類です。

その他の書類としては、年金請求書に記載した基礎年金番号や口座番号の証明となる本人やその配偶者分の年金手帳あるいは基礎年金番号通知書や預金通帳も準備します。また、申請日の6か月以内に発行された戸籍謄本や住民票も準備をしておかなければなりません。そし

第6章 ◆ 被災労働者のための障害年金のしくみと受給手続き　237

て、加給対象者がいる場合は配偶者の所得証明書や子の在学証明書、対象者の年金証書も必要です。また、共済組合に加入していた期間がある場合は、その証明となる年金加入期間確認通知書も用意します。

■■ 受診状況等証明書の記載と作成依頼

　受診状況等証明書とは、別名「初診日証明」ともいわれる書類のことで、障害のもととなっている病気やケガで初めて病院を受診した「初診日」を証明するための書類です。初めて受診した先である病院の医師に依頼し、作成してもらいます。

　この書類は、初診以降ずっと同じ病院にかかっている場合は、医師による診断書によって初診日の証明がなされるという理由から用意する必要はありません。一方、初めてかかった病院が遠方だった場合や、より確実に治療を受けられるよう別の病院へ転院した場合などは、初診日の確認ができるように受診状況等証明書が必要になります。

■■ 診断書の作成依頼

　医師による診断書とは、障害の程度を証明するために医師に発行してもらう書類です。病気やケガの状況や治療にかかった日数、手術が必要であった場合はその内容や入院日数などが記載されています。

　診断書は、障害年金の請求を行う際に必ず提出が必要になる必要不可欠な書類です。実際に診断書を入手する際に依頼を行う医療機関については、障害認定日に確実に障害状態に陥っていると予想される場合は障害認定日時点にかかっていた医療機関、障害状態かどうかが不明の場合は今現在かかっている医療機関に対して依頼を行うことになります。

　依頼する際には、通常の場合は「依頼状」という書類を作成した上で、医療機関の窓口へ出向き、依頼します。依頼状についての正式なフォーマットはありませんが、相手に失礼のないような文章を心がけ

ましょう。内容としては、社会人が作成するようなビジネス文書の書式を用いて、日付・依頼先となる医療機関と医師の氏名を記入し、患者となる依頼主名を記載します。その上で、「診断書作成願い」と題名を記した上で、診断書の依頼を行う旨を記載します。書類の書式や時事の挨拶、結びの言葉などは、一般的なビジネス文書例を参考にするとよいでしょう。依頼状を作成するにあたり心がけなければならないのは、医師が診断書を作成するにあたり参考となる資料を添付する

■ 障害年金請求時の必要書類と手続き ……………………………

障害年金請求時の必要書類

必要書類	備　考
年金請求書	年金事務所、市区町村役場でもらう
年金手帳 基礎年金番号通知書	本人と配偶者のもの
病歴・就労状況等申立書	障害の原因となった病気・ケガなどについて記載する
診断書	部位ごとの診断書を医師に記入してもらう
受診状況等証明書	診断書作成の病院と初診時の病院が違うとき
戸籍抄本 住民票	受給権発生日以降、提出日の6か月以内。子がいる場合は戸籍膳本世帯全員、省略なし
印鑑	認印（シャチハタは不可）
預金通帳	本人名義のもの
配偶者の所得証明書 （または非課税証明書）	加給年金対象の配偶者がいるとき市区町村の税務課で発行
子の生計維持を証明するもの	加給年金対象の配偶者がいるとき　在学証明書など
年金証書	本人、配偶者がすでに年金をもらっているとき
年金加入期間確認通知書	共済組合の加入期間があるとき

障害年金の手続き

初診日の年金加入状況		請求先
厚生年金		最後の会社を管轄する年金事務所
国民年金	第1号被保険者	市区町村役場
	第3号被保険者	住所地を管轄する年金事務所
20歳前に初診日がある場合		市区町村役場

※各地の年金相談センターでは、管轄を問わず受け付けてくれる

第6章 ◆ 被災労働者のための障害年金のしくみと受給手続き　239

点です。診断書には、医師が依頼主を診察するにあたって把握することができない部分も記載しなければなりません。

　したがって、医師が作成に困ることがないよう、事前に情報を突立てておく必要があります。具体的には、作成済みの受診状況等証明書のコピーなどが挙げられます。また、障害を抱えていることで日常生活にどのような支障が生じているか、生活能力の程度、就労や家事などの労働力などについて文書にして添付することで、診断書の内容がより具体的なものになります。

　また、依頼状には、依頼する診断書の枚数や不明点を問い合わせる連絡先もあわせて記載します。社会保険労務士に依頼している場合は事務所名、住所、氏名、連絡先を記しておく方法が効果的です。

■■ 病歴・就労状況等申立書の作成

　病歴・就労状況等申立書とは、前述の２つの書類とは異なり、医師ではなく患者側（本人またはその家族）が作成する書類になります。病名や発病日、初診日や障害の程度など、受診状況等証明書や診断書に書かれた内容に加え、診断書だけでは図ることができない、具体的な症状や日常生活で生じている支障の内容について記載します。たとえば、医師にかかっていない間の症状や外出、仕事や食欲、着替え、炊事、洗濯、入浴などへの影響などを具体的に記していきます。

　病歴・就労状況等申立書は、障害年金の受給審査に影響する重要な存在であり、患者側が作成する唯一の書類です。記載後は、客観的な視点から判断ができる立場の者に内容を確認してもらう方法をとることが有効です。

　受診状況等証明書、診断書、病歴・就労状況等申立書の３つの書類は、①受診状況等証明書→②診断書→③病歴・就労状況等申立書の順番で準備していきます。それぞれの書類の内容に才盾がないかをチェックを行った上で提出をしましょう。

240

9 その他の書類を準備し提出する

期限が定められた提出書類に注意し、すべて控えを取っておく

■■ 戸籍抄本などのその他の書類を集めて年金事務所に提出する

　障害年金の申請に必要なのは、病院からの診断書や受診状況等証明書、病歴・就労状況等申立書などがありますが、その他にも準備すべきものがあります。

　たとえば、戸籍抄本などが挙げられます。市区町村によっては申請から入手までに時間がかかる場合があるため、事前に手に入れるまでの期間を調べておく必要があります。

　戸籍抄本の入手が遅れたことで月をまたいでしまい、申請が遅くなる事態は、支給決定の時期が遅くなることにつながり不利であるため、避けた方がよいでしょう。ただし、事後重症請求の申請時に必要となる戸籍抄本は1か月以内、障害認定日請求の場合は6か月以内のものと定められています。したがって、早く入手した場合は期限切れで再取得を行う手間がかかるおそれがあるため、診断書の完成時期を見計らって準備しましょう。

　その他、預金通帳の1ページ目やキャッシュカードのコピーなど、申請者本人が名義人である銀行口座がわかる書類も必要です。コピーは、必ず本人の名前が記された部分を取らなければなりません。この書類は戸籍抄本などとは異なり期限がないため、早めに準備をしておく方法が有効です。

　さらに、年金の上乗せ対象となる家族がいる申請者の場合は、戸籍謄本と同時期取得の住民票や最長5年分の所得証明書、非課税証明書、高校生より年少の子がいる場合は通っている学校の学生証を入手する必要があります。障害厚生年金の3級に該当する場合は家族による上

第6章 ◆ 被災労働者のための障害年金のしくみと受給手続き　241

乗せ加算は行われませんが、3級相当であることが明らかな場合でも加算の対象となる家族がいる場合は、これらの書類を添付しなければ受け付けてもらえないものとされています。

　なお、マイナンバー制度の導入により、将来的にはこれらの証明書類の申請は簡略化できる可能性がありますが、後で不足していた事実に気づくよりは、念のためにあらかじめそろえておくと安心です。そして、すべての書類をそろったところで年金事務所へ提出を行うことになります。提出先の年金事務所の住所や最寄り駅、駐車場の有無や受付時間帯などをあらかじめ調べ、当日にまごつかないようにしましょう。

　なお、実際に提出する前にあらかじめ提出するすべての書類の控えを取っておくことが重要です。これは、提出の際には必要ない場合でも、更新が必要な障害に該当するという認定を受けた場合はその際に必ず前回申請した時の内容を見直す機会があるためです。

　そして、更新時に不支給決定がなされた場合に再度請求を試みる場合にも初回申請時の書類は重要な意味をもつため、必ず控えをとり、適切に保管しておくことが重要です。うっかり控えを取ることを忘れてしまった場合は、提出先の年金事務所へ依頼する方法や、厚生労働省に対して個人情報開示手続きを行うことで、入手できる可能性があります。

■■ 支給決定を受けた場合、どんなことに注意すればよいのか

　申請を行い、支給決定がなされた場合も油断は禁物です。障害年金の支給が正式に決定した場合には年金証書という書類が郵送されます。この年金証書には、障害年金を受け取る際に重要となる内容がいくつか記されているため、届いた際には必ず中身を確認しましょう。

　まず確認するのは、支給対象者の生年月日横に記された「受給権を取得した年月」です。この年月からは、認定された時期が障害年月日

に遡ったものであるかを見ることができます。そして、この取得した年月の翌月から、実際に障害年金の支給が開始されます。

　さらに、年金額からは、支給される金額を知ることが可能です。注意する点としては、国民年金と厚生年金がそれぞれ別個に記されていることです。また、障害基礎年金の2級より重い場合は子の加算、障害厚生年金の2級より重い場合は配偶者の加算がなされているかを、加算額の欄から確認することができます。その他、認定された等級や次回の更新時期も年金証書から把握することが可能です。

　なお、証書に記された「診断書の種類」は、次回に更新をする場合に記入が必要な診断書の種類のことです。今後に向けて、チェックする方法が有効となります。

■■■年金の支給が始まれば安心して大丈夫か

　郵送された年金証書の内容に従って、実際に障害年金が支給されます。支給は2か月に一度、偶数月の15日に指定口座へ振り込まれるため、カレンダーに記しておくなどの方法で忘れないよう心がけましょう。年金証書が郵送されて以降、およそ50日以内に年金支払通知書が送られてきます。書類の内容を調べ、特に不明点や問題点がない場合は特別に行動を起こす必要はなく、各月の年金支給を待つことになります。年金証書や年金支払通知書の内容に疑問や不明点がある場合は、年金事務所へ電話や出向くことで相談に応じてもらえます。また、引越しなどの事情で振込口座の変更を希望する場合は、年金事務所で変更の手続きを行うことになります。

　覚えておきたいのは、障害年金の支給期間は国民年金保険料が免除扱いになる点です。ただし、この免除期間は、支給される老齢年金も半額となります。抱えている障害が直る見通しがある場合は、将来の老齢年金の額が抑えられないよう国民年金保険料の支払を検討する方法もあります。

第6章 ◆ 被災労働者のための障害年金のしくみと受給手続き　　243

10 年金請求書などの書類の書き方を知っておこう

障害認定基準に該当する精神疾患が対象

■■ 人格障害や神経症は認定対象から外されている

　精神疾患に起因した障害年金を請求した場合、「障害認定基準」を参考にした上で審査が行われます。この基準では、障害の状態に応じて、①統合失調症、統合失調症型障害及び妄想性障害、②気分（感情）障害（うつ病・そううつ病など）、③器質性精神障害（症状性のものを含む）、④てんかん、⑤知的障害、⑥発達障害、に分類されています。

　重要な点としては、医師によって上記の分類に該当した「具体的な病名」がつけられ、診断書にその旨の記載がなければ障害年金の認定を受けることができないという点です。該当する病名としては、うつ病や躁うつ病、痴呆症、高次脳機能障害、アルコール薬物使用に基づく精神障害、アルツハイマー病などが挙げられます。

　ただし、パニック障害やPTSD、適応障害、摂食障害、睡眠障害などの「人格障害」と診断された場合は認定対象から外されます。これは、精神病に比べ、神経症は心に左右される軽易なものとみなされ、障害年金が支給された場合に患者の病気の克服意思をそいでしまう可能性があるという理由から対象外とされています。

　また、神経症についても、たとえ治癒までには長い期間を要するものであっても認定対象から外されます。ただし、パニック障害に加えてそううつ病を発症しているケースのように、神経症であっても精神病の症状が見られるものについては、統合失調症や気分（感情）障害として扱われる場合があり、この場合は認定対象に含まれます。

244

精神疾患の年金請求ではどんな書類を提出するのか

　精神疾患に起因した障害年金を請求する場合も、基本的には他の障害の場合と同様の書類が必要です。年金請求書（次ページ）他、診断書、受診状況等証明書（251ページ）病歴・就労状況等申立書（250ページ）などの書類を準備していきます。医師に依頼する診断書は「精神の障害用」を利用することです。年金事務所や役所、または日本年金機構のホームページから入手することができます。その他、戸籍抄本や住民票、年金手帳、預金通帳、加給対象者にまつわる書類の準備もあわせて行います。

　なお、初診日のカルテが残ってないなどの理由で受診状況等証明書を添付できない場合は、別の方法で初診日を証明するために、受診状況等証明書が添付できない申立書（254ページ）を提出します。

精神疾患の場合の書式作成のポイント・注意点

　肉体的な疾患と比較すると精神疾患には目に見えない部分の占める割合が高いため、診断する医師によって左右しやすい点が特徴です。

　気をつけたいのが、診断書の内容です。診断書に記載された医師の見解と自身の病状や生活状況が一致しているかを必ず事前に確認する必要があります。チェックする点としてはまず「障害の原因となった傷病名」があり、障害年金の対象となる病名と、国際疾病分類で区分されたICD-10コードが記載されているかを確認します。また、日常生活の判定項目についても、事実と乖離していないかを調べます。

　なお、先天性疾患の場合は、初診日が生年月日となり、「二十歳前傷病の障害年金」として障害基礎年金のみが対象になりますが、精神疾患の原因が後天的なものの場合は、その疾患について初めて受診した日が初診日となります。この場合、厚生年金に加入してから発症した場合は、障害厚生年金も受給できる可能性があり、障害等級3級までが対象になります。

第6章 ◆ 被災労働者のための障害年金のしくみと受給手続き　　**245**

書式　年金請求書（国民年金・厚生年金保険障害給付、うつ病）

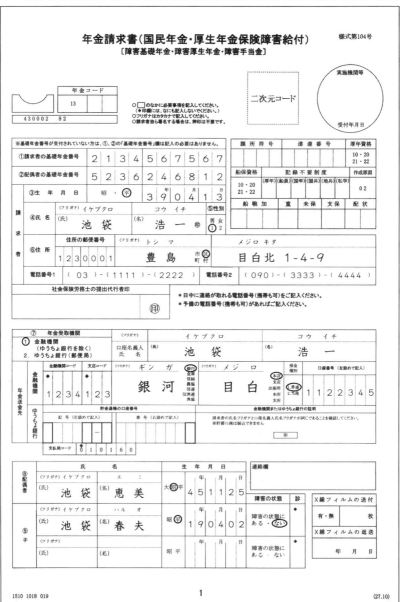

⑩ あなたの配偶者は、公的年金制度等（表1参照）から老齢・退職または障害の年金を受けていますか。○で囲んでください。

1. 老齢・退職の年金を受けている	2. 障害の年金を受けている	③ いずれも受けていない	4. 請求中	制度名（共済組合名等）	年金の種類

受けていると答えた方は下欄に必要事項を記入してください（年月日は支給を受けることになった年月日を記入してください）。

公的年金制度名（表1より記号を選択）	年金の種類	年　月　日	年金証書の年金コードまたは記号番号等	年金コードまたは共済組合コード・年金種別	
		・　・		1	
		・　・		2	

「年金の種類」とは、老齢または退職、障害をいいます。

| | | | | 3 | |

⑪ あなたは、現在、公的年金制度等（表1参照）から年金を受けていますか。○で囲んでください。

1. 受けている	② 受けていない	3. 請求中	制度名（共済組合名等）	年金の種類

受けていると答えた方は下欄に必要事項を記入してください（年月日は支給を受けることになった年月日を記入してください）。

公的年金制度名（表1より記号を選択）	年金の種類	年　月　日	年金証書の年金コードまたは記号番号等	年金コードまたは共済組合コード・年金種別	
		・　・		1	
		・　・		2	

「年金の種類」とは、老齢または退職、障害、遺族をいいます。

| | | | | 3 | |
| | | | 他　年　金　種　別 | | |

⑫ 次の年金制度の被保険者または組合員等となったことがあるときは、その番号を○で囲んでください。

① 国民年金法　　　　　　　　　　　② 厚生年金保険法　　　　　　　　　3. 船員保険法（昭和61年4月以後を除く）
4. 廃止前の農林漁業団体職員共済組合法　5. 国家公務員共済組合法　　　　　　6. 地方公務員共済組合法
7. 私立学校教職員共済法　　　　　　8. 旧市町村職員共済組合法　　　　　9. 地方公務員の退職年金に関する条例　　10. 恩給法

⑬ 履　　歴（公的年金制度加入経過）
　　※できるだけくわしく、正確に記入してください。

	(1) 事業所（船舶所有者）の名称および船員であったときはその船舶名	(2) 事業所（船舶所有者）の所在地または国民年金加入時の住所	(3) 勤務期間または国民年金の加入期間	(4) 加入していた年金制度の種類	(5) 備　考
最初			59・4・12から 62・3・31まで	1. 国民年金 2. 厚生年金保険 3. 厚生年金(船員)保険 4. 共済組合等	
2	株式会社 アイティー	北区王子 7-8-9	62・4・1から 平29・6・30まで	1. 国民年金 2. 厚生年金保険 3. 厚生年金(船員)保険 4. 共済組合等	
3			・・から ・・まで	1. 国民年金 2. 厚生年金保険 3. 厚生年金(船員)保険 4. 共済組合等	
4			・・から ・・まで	1. 国民年金 2. 厚生年金保険 3. 厚生年金(船員)保険 4. 共済組合等	
5			・・から ・・まで	1. 国民年金 2. 厚生年金保険 3. 厚生年金(船員)保険 4. 共済組合等	
6			・・から ・・まで	1. 国民年金 2. 厚生年金保険 3. 厚生年金(船員)保険 4. 共済組合等	
7			・・から ・・まで	1. 国民年金 2. 厚生年金保険 3. 厚生年金(船員)保険 4. 共済組合等	
8			・・から ・・まで	1. 国民年金 2. 厚生年金保険 3. 厚生年金(船員)保険 4. 共済組合等	
9			・・から ・・まで	1. 国民年金 2. 厚生年金保険 3. 厚生年金(船員)保険 4. 共済組合等	
10			・・から ・・まで	1. 国民年金 2. 厚生年金保険 3. 厚生年金(船員)保険 4. 共済組合等	

第6章 ◆ 被災労働者のための障害年金のしくみと受給手続き　247

<table>
<tr><td rowspan="20">⑭ 必ず記入してください。</td><td colspan="2">(1) この請求は、左の頁にある「障害給付の請求事由」の1から3までのいずれに該当しますか。該当する番号を○で囲んでください。</td><td colspan="6">① 障害認定日による請求　2. 事後重症による請求
3. 初めて障害等級の1級または2級に該当したことによる請求</td></tr>
<tr><td colspan="2">「2」を○で囲んだときは右欄の該当する理由の番号を○で囲んでください。</td><td colspan="6">1. 初診日から1年6月目の状態で請求した結果、不支給となった。
2. 初診日から1年6月目の症状は軽かったが、その後悪化して症状が重くなった。
3. その他（理由　　　　　　　　　　　　　　　　　）</td></tr>
<tr><td colspan="2">(2) 過去に障害給付を受けたことがありますか。</td><td>1. は　い
② いいえ</td><td colspan="5">「1. はい」を○で囲んだときは、その障害給付の名称と年金証書の基礎年金番号・年金コード等を記入してください。</td></tr>
</table>

<table>
<tr><td rowspan="13">障害の原因である傷病について記入してください。</td><td colspan="2"></td><td>名　称</td><td></td></tr>
<tr><td colspan="2"></td><td>基礎年金番号・年金コード等</td><td></td></tr>
<tr><td rowspan="11">(3)</td><td>傷　病　名</td><td colspan="2">1. うつ</td><td colspan="2">2.</td><td colspan="2">3.</td></tr>
<tr><td>傷病の発生した日</td><td colspan="2">昭和 平成 29 年 1 月 頃日</td><td colspan="2">昭和 平成 　年　月　日</td><td colspan="2">昭和 平成 　年　月　日</td></tr>
<tr><td>初　診　日</td><td colspan="2">昭和 平成 29 年 1 月 16日</td><td colspan="2">昭和 平成 　年　月　日</td><td colspan="2">昭和 平成 　年　月　日</td></tr>
<tr><td>初診日において加入していた年金制度</td><td colspan="2">1. 国年　2. 厚年　3. 共済</td><td colspan="2">1. 国年　2. 厚年　3. 共済</td><td colspan="2">1. 国年　2. 厚年　3. 共済</td></tr>
<tr><td>現在傷病はなおっていますか。</td><td colspan="2">1. はい　・　② いいえ</td><td colspan="2">1. はい　・　2. いいえ</td><td colspan="2">1. はい　・　2. いいえ</td></tr>
<tr><td>なおっているときは、なおった日</td><td colspan="2">昭和 平成 　年　月　日</td><td colspan="2">昭和 平成 　年　月　日</td><td colspan="2">昭和 平成 　年　月　日</td></tr>
<tr><td>傷病の原因は業務上ですか</td><td colspan="6">1. はい　・　② いいえ</td></tr>
<tr><td>この傷病について右に示す制度から保険給付が受けられますか。その番号を○で囲んでください。請求中のときも同様です。</td><td colspan="6">1. 労働基準法　　　　　　　　2. 労働者災害補償保険法
3. 船員保険法　　　　　　　　4. 国家公務員災害補償法
5. 地方公務員災害補償法
6. 公立学校の学校長、学校歯科医及び学校薬剤師の公務災害補償に関する法律</td></tr>
<tr><td>受けられるときは、その給付の種類の番号を○で囲み、支給の発生した日を記入してください。</td><td colspan="6">1. 障害補償給付（障害給付）　　　2. 傷病補償給付（傷病年金）
昭和 平成 　年　月　日</td></tr>
<tr><td>障害の原因は第三者の行為によりますか。</td><td colspan="6">1. は　い　・　② いいえ</td></tr>
<tr><td>障害の原因が第三者の行為により発生したものであるときは、その者の氏名および住所を記入してください。</td><td>氏　名</td><td colspan="5"></td></tr>
<tr><td></td><td>住　所</td><td colspan="5"></td></tr>
</table>

生 計 維 持 証 明

右の者は、請求者と生計を同じくしていることを申し立てる。（証明する。）

平成30年8月10日

	氏　名	続柄
配偶者 および子	池袋　恵美	妻
	池袋　春夫	長男

⑮ 生計同一関係

請求者（証明者）　住所　東京都豊島区目白北 1-4-9

氏名　池袋　浩一　㊞

（請求者との関係）　本人

(注)　1. この申立は、民生委員、町内会長、事業主、年金委員、家主などの第三者の証明に代えることができます。
　　　2. この申立（証明）には、世帯全員の住民票（コピー不可）を添えてください。

⑯ 収入関係

1. 請求者によって生計維持していた者について記入してください。

	※確認印	※年金事務所の確認事項
(1) 配偶者について年収は、850万円未満(注)ですか。　はい・いいえ	（　）印	ア．健保等被扶養者（第三号被保険者）
(2) 子(名：春夫　)について年収は、850万円未満(注)ですか。　はい・いいえ	（　）印	イ．加算額または加給年金額対象者
(3) 子(名：　)について年収は、850万円未満(注)ですか。　はい・いいえ	（　）印	ウ．国民年金保険料免除世帯
(4) 子(名：　)について年収は、850万円未満(注)ですか。　はい・いいえ	（　）印	エ．義務教育終了前
2. 上記1で「いいえ」と答えた者のうち、その者の収入はこの年金の受給権発生時においては、850万円未満(注)ですか。　はい・いいえ		オ．高等学校在学中
		カ．源泉徴収票・非課税証明書等

(注)　平成6年11月8日までに受給権が発生している方は「600万円未満」となります。
　　　※請求者が申立を行う欄に自ら署名する場合は、押印不要です。

平成 30 年 8 月 20 日 提出

機構独自項目

⑰ 請 求 書	過去に加入していた年金制度の年金手帳の記号番号で、基礎年金番号と異なる記号番号があるときは、その記号番号を記入してください。		
	厚 生 年 金 保 険		国 民 年 金
	船 員 保 険		

⑱ 配 偶 者

「②配偶者の基礎年金番号」欄を記入していない方は、あなたの配偶者について、つぎの1および2にお答えください。（記入した方は、回答の必要はありません。）
1. 過去に厚生年金保険、国民年金または船員保険に加入したことがありますか。〇で囲んでください。　　　　　ある　　ない
「ある」と答えた方は、加入していた制度の年金手帳の記号番号を記入してください。

厚 生 年 金 保 険		国 民 年 金
船 員 保 険		

2. あなたと配偶者の住所が異なるときは、下欄に配偶者の住所および性別を記入してください。

住所の郵便番号	住所 （フリガナ）		性別 男 女 1 2

⑲ 個人で保険料を納める第四種被保険者、船員保険の年金任意継続被保険者となったことがありますか。	1. は い ・ ② いいえ
「はい」と答えた人は、保険料を納めた年金事務所（社会保険事務所）の名称を記入してください。	
その保険料を納めた期間を記入してください。	昭和 平成 　年　月　日 から 昭和 平成 　年　月　日
第四種被保険者（船員年金任意継続被保険者）の整理記号番号を記入してください。	（記号）　　　　（番号）

上・外	初 診 年 月 日		障 害 認 定 日	（外）傷病名コード	（上）傷病名コード	診 断 書
上・外 1・2	元号 　年　月　日	元号	年　月			
（外）等級	（上）等級	有	有 年 元号	三	差引	

基 礎	受 給 権 発 生 年 月 日	停 止 事 由	停 止 期 間	条 　 文
	元号 　年　月　日		元号　年　月 元号　年　月	
	失権事由	失 権 年 月 日 元号　年　月　日		

厚 生	受 給 権 発 生 年 月 日	停 止 事 由	停 止 期 間	条 　 文
	元号 　年　月　日		元号　年　月 元号　年　月	
	失権事由	失 権 年 月 日 元号　年　月　日		

共済コード	共 済 記 録 1	2
	元号　年　月　日 符算	元号　年　月　日 元号　年　月　日 符算
	3	4
	元号　年　月　日 符算	元号　年　月　日 元号　年　月　日 符算
	5	6
	元号　年　月　日 符算	元号　年　月　日 元号　年　月　日 符算

⑳　請求者の住民票コード	時効区分

書式　病歴・就労状況等申立書（うつ病の場合）

病歴・就労状況等申立書

No. － 枚中

（請求する病気やけがが複数ある場合は、それぞれ用紙を分けて記入してください。）

病歴状況	傷病名	うつ病			
発病日	昭和・(平成) 27 年 7 月 頃日		初診日	昭和・(平成) 27 年 7 月 15 日	

記入する前にお読みください。
○ 次の欄には障害の原因となった病気やけがについて、発病したときから現在までの経過を年月順に期間をあげて記入してください。
○ 受診していた期間は、通院期間、受診回数、入院期間、治療経過、医師から指示された事項、転医・受診中止の理由、日常生活状況、就労状況などを記入してください。
○ 受診していなかった期間は、その理由、自覚症状の程度、日常生活状況、就労状況などについて具体的に記入してください。
○ 健康診断などで障害の原因となった病気やけがについて指摘されたことも記入してください。
○ 同一の医療機関を長期間受診していた場合、医療機関を長期間受診していなかった場合、発病から初診までが長期間の場合は、その期間を3年から5年ごとに区切って記入してください。

1	昭和・(平成) 28 年 7 月 初日から 昭和・(平成) 28 年 7 月 31 日まで (受診した)・受診していない 医療機関名 **巣鴨クリニック**	発病したときの状態と発病から初診までの間の状況（先天性疾患は出生時から初診まで） 仕事で失敗し損害を出したことでショックを受け寝込んだが、何日も頭痛が治らないため心療内科で受診する。
2	昭和・(平成) 28 年 8 月 1 日から 昭和・平成　年　月　日まで (受診した)・受診していない 医療機関名 **大塚総合病院**	左の期間の状況 脳疾患の検査をするために、施設のある病院に転院した。MRI検査の結果脳には異常はなかった。月に1回通院し、抗うつ剤を服用している。
3	昭和・平成　年　月　日から 昭和・平成　年　月　日まで 受診した・受診していない 医療機関名	左の期間の状況
4	昭和・平成　年　月　日から 昭和・平成　年　月　日まで 受診した・受診していない 医療機関名	左の期間の状況
5	昭和・平成　年　月　日から 昭和・平成　年　月　日まで 受診した・受診していない 医療機関名	左の期間の状況

※裏面も記入してください。

1405 1018 019

資料　受診状況等証明書

年金等の請求用

障害年金等の請求を行うとき、その障害の原因又は誘因となった傷病で初めて受診した医療機関の初診日を明らかにすることが必要です。そのために使用する証明書です。

受 診 状 況 等 証 明 書

① 氏　　　　名　_____

② 傷　病　名　_____

③ 発 病 年 月 日　昭和・平成　　　年　　　　月　　　　日

④ 傷病の原因又は誘因　_____

⑤ 発病から初診までの経過

　　　前医からの紹介状はありますか。⇒　有　　　無　（有の場合はコピーの添付をお願いします。）

....

....

....

....

※診療録に前医受診の記載がある場合　　1　初診時の診療録より記載したものです。
　右の該当する番号に〇印をつけてください　2　昭和・平成　　年　　月　　日の診療録より記載したものです。

⑥ 初 診 年 月 日　昭和・平成　　　年　　　　月　　　　日

⑦ 終 診 年 月 日　昭和・平成　　　年　　　　月　　　　日

⑧ 終診時の転帰　（　治癒・転医・中止　）

⑨ 初診から終診までの治療内容及び経過の概要

....

....

....

....

⑩ 次の該当する番号（1～4）に〇印をつけてください。

　　複数に〇をつけた場合は、それぞれに基づく記載内容の範囲がわかるように余白に記載してください。

　　　上記の記載は　1　診療録より記載したものです。

　　　　　　　　　　2　受診受付簿、入院記録より記載したものです。

　　　　　　　　　　3　その他（　　　　　　　　　　　　　　　）より記載したものです。

　　　　　　　　　　4　昭和・平成　　年　　月　　日の本人の申し立てによるものです。

⑪ 平成　　　年　　　　月　　　　日

　　医療機関名　　　　　　　　　　　　　　診療担当科名

　　所　在　地　　　　　　　　　　　　　　医師氏名　　　　　　　　　印

（提出先）日本年金機構　　　　　　　　　　　　　　　（裏面もご覧ください。）

第６章 ◆ 被災労働者のための障害年金のしくみと受給手続き　251

資料　診断書

| （精） | 国民年金
厚生年金保険 | 診　断　書 （精神の障害用） | 様式第120号の4 |

| ふりがな
氏　名 | | 生年月日 | 昭和
平成 | 年　月　日生（　歳） | 性別 | 男・女 |

| 住　所 | 住所地の郵便番号 | 都道
府県 | 都市
区 |

① 障害の原因と
なった傷病名：
ICD-10コード：

② 傷病の発生年月日　昭和・平成　年　月　日　診療録で確認・本人の申立て（　年　月　日）　本人の発病時の職業

③ ①のため初めて医師の診療を受けた日　昭和・平成　年　月　日　診療録で確認・本人の申立て（　年　月　日）　④ 既存障害

⑥ 傷病が治った（症状が固定した状態を含む。）かどうか。　平成　年　月　日　確認・推定　症状のよくなる見込　・・・　有・無・不明　⑤ 既往症

⑦ 発病から現在までの病歴及び治療の経過、内容、就学・就労状況等、期間、その他参考となる事項

陳述者の氏名　　　請求人との続柄　　　聴取年月日　　　年　月　日

⑧ 診断書作成医療機関における初診時所見
初診年月日　昭和・平成　年　月　日

これまでの発育・養育歴等（出生から発育の状況や教育歴及びこれまでの職歴をできるだけ詳しく記入してください。）

ア　発育・養育歴

イ　教育歴
乳幼児
小学校（普通学級・特別支援学級・特別支援学校）
中学校（普通学級・特別支援学級・特別支援学校）
高校（普通学級・特別支援学校）
その他

ウ　職歴

エ　治療歴（書ききれない場合は⑬「備考」欄に記入してください。）（※ 同一医療機関の入院・外来は分けて記入してください。）

医療機関名	治療期間	入院・外来	病名	主な療法	転帰（軽快・悪化・不変）
	年　月～　年　月	入院・外来			
	年　月～　年　月	入院・外来			
	年　月～　年　月	入院・外来			
	年　月～　年　月	入院・外来			
	年　月～　年　月	入院・外来			

⑩ 障害の状態　（平成　年　月　日　現症）

ア　現在の病状又は状態像（該当のローマ数字、英数字を○で囲んでください。）

前回の診断書の記載像との比較（前回の診断書を作成している場合は記入してください。）
1　変化なし　　2　改善している　3　悪化している　4　不明

Ⅰ　抑うつ状態
　1　思考・運動抑止　　2　刺激性、興奮　　3　憂うつ気分
　4　自殺企図　　　　5　希死念慮
　6　その他

Ⅱ　躁状態
　1　行為心迫　　2　多弁・多動　　3　気分（感情）の異常な高揚・刺激性
　4　観念奔逸　　5　易怒性・被刺激性亢進　6　誇大妄想
　7　その他

Ⅲ　幻覚妄想状態等
　1　幻覚　　2　妄想　　3　させられ体験　　4　思考伝播式の障害
　5　奇異な言動や行為　6　その他

Ⅳ　精神運動興奮状態及び昏迷の状態
　1　興奮　　2　徘徊　　3　拒絶・拒食　　4　滅裂思考
　5　奔動行為　6　自傷　　7　無動・無反応

Ⅴ　統合失調症等残遺状態
　1　自閉　　2　感情の平板化　　3　意欲の減退

Ⅵ　意識障害・てんかん
　1　意識混濁　　2　（有関）せん妄　　3　もうろう　4　昏光
　5　てんかん発作　6　不機嫌症　7　その他
・てんかん発作の状態　　発作のタイプ記入上の注意事項
　1　てんかん発作のタイプ（A・B・C・D）
　2　てんかん発作の頻度（年間　回、月平均　回、週平均　回 程度）

Ⅶ　知能障害等
　1　知的障害　ア　軽度　イ　中等度　ウ　重度　エ　最重度
　2　認知症　　ア　軽度　イ　中等度　ウ　重度　エ　最重度
　3　高次脳機能障害
　　ア　失行　イ　失認
　　ウ　記憶障害　エ　注意障害　オ　遂行機能障害　カ　社会的行動障害
　4　学習障害　ア　読み　イ　書き　ウ　計算　エ　その他（　）
　5　その他

Ⅷ　発達障害関連症状
　1　相互的な社会関係の質的障害　　2　言語コミュニケーションの障害
　3　限定された常同的で反復的な関心と行動　4　その他（　）

Ⅸ　人格変化
　1　欠陥状態　　2　無関心　　3　無為
　4　その他症状等

Ⅹ　乱用・依存等（薬物等を　）
　1　乱用　　2　依存

Ⅺ　その他　[　]

イ　左記の状態について、その程度・症状・処方薬等を具体的に記載してください。

本人の障害の程度及び状態に無関係な欄には記入する必要はありません。（無関係な欄は、斜線により抹消してください。）

(25. 5)

ウ　日常生活状況

1　家庭及び社会生活についての具体的な状況
　（ア）　現在の生活環境（該当するもの一つを〇で囲んでください。）
　　　　入院　・　入所　・　在宅　・　その他（　　　　　　）
　　　　（施設名　　　　　　　　　　　）
　　　　同居者の有無　　（有　・　無　）

　（イ）　全般的状況（家族及び家族以外の者との対人関係についても
　　　　具体的に記入してください。）

　　　　[　　　　　　　　　　　　　　　　　　　　　　　]

2　日常生活能力の判定（該当するものにチェックしてください。）
　（判定にあたっては、単身で生活するとしたら可能かどうかで判断してください。）

（1）適切な食事―配膳などの準備も含めて適当量をバランスよく摂ることはできるなど。
　□できる　□自発的にできるが時には助言や指導を必要とする　□自発的かつ適正に行うことはできないが助言や指導があればできる　□助言や指導をしてもできない若しくは行わない

（2）身辺の清潔保持―洗面、洗髪、入浴等の身の身体の衛生保持や着替え等ができ、また、自室の清掃や片付けができるなど。
　□できる　□自発的にできるが時には助言や指導を必要とする　□自発的かつ適正に行うことはできないが助言や指導があればできる　□助言や指導をしてもできない若しくは行わない

（3）金銭管理と買い物―金銭を独力で適切に管理し、やりくりがほぼできる。また、一人で買い物が可能であり、計画的な買い物がほぼできるなど。
　□できる　□おおむねできるが時には助言や指導を必要とする　□助言や指導があればできる　□助言や指導をしてもできない若しくは行わない

（4）通院と服薬（要・不要）―規則的に通院や服薬を行い、病状等を主治医に伝えることができるなど。
　□できる　□おおむねできるが時には助言や指導を必要とする　□助言や指導があればできる　□助言や指導をしてもできない若しくは行わない

（5）他人との意思伝達及び対人関係―他人の話を聞く、自分の意思を相手に伝える、集団的行動が行えるなど。
　□できる　□おおむねできるが時には助言や指導を必要とする　□助言や指導があればできる　□助言や指導をしてもできない若しくは行わない

（6）身辺の安全保持及び危機対応―事故等の危険から身を守る能力がある、通常と異なる事態となった時に他人に援助を求めるなどを含めて、適正に対応することができるなど。
　□できる　□おおむねできるが時には助言や指導を必要とする　□助言や指導があればできる　□助言や指導をしてもできない若しくは行わない

（7）社会性―銀行での金銭の出し入れや公共施設等の利用が一人で可能。また、社会生活に必要な手続きが行えるなど。
　□できる　□おおむねできるが時には助言や指導を必要とする　□助言や指導があればできる　□助言や指導をしてもできない若しくは行わない

3　日常生活能力の程度（該当するもの一つを〇で囲んでください。）
　※日常生活能力の程度を記載する際には、状態をもっとも適切に記載できる（精神障害）又は（知的障害）のどちらかを使用してください。

（精神障害）
（1）　精神障害（病的体験・残遺症状・認知障害・性格変化等）を認めるが、社会生活は普通にできる。

（2）　精神障害を認め、家庭内での日常生活は普通にできるが、社会生活には、援助が必要である。
　（たとえば、日常的な家事をこなすことはできるが、状況や手順が変化したりすると困難を生じることがある。社会行動や自発的な行動が適切に出来ないこともある。金銭管理はおおむねできる場合など。）

（3）　精神障害を認め、家庭内での単純な日常生活はできるが、時に応じて援助が必要である。
　（たとえば、習慣化した外出はできるが、家事をこなすために助言や指導を必要とする。社会的な対人交流は乏しく、自発的な行動に困難がある。金銭管理が困難な場合など。）

（4）　精神障害を認め、日常生活における身のまわりのことも、多くの援助が必要である。
　（たとえば、著しく適正を欠く行動が見受けられる。自発的な発言が少ない、あっても発言内容が不適切であったり不明瞭であったりする。金銭管理ができない場合など。）

（5）　精神障害を認め、身のまわりのこともほとんどできないため、常時の援助が必要である。
　（たとえば、家庭内生活においても、食事や身のまわりのことを自発的にすることができない。また、在宅の場合に通院等の外出には、付き添いが必要な場合など。）

（知的障害）
（1）　知的障害を認めるが、社会生活は普通にできる。

（2）　知的障害を認め、家庭内での日常生活は普通にできるが、社会生活には、援助が必要である。
　（たとえば、簡単な読み書きや計算はできるが、会話も意思の疎通が可能であるが、抽象的なことは苦手。身辺生活も一人でできる程度）

（3）　知的障害を認め、家庭内での単純な日常生活はできるが、時に応じて援助が必要である。
　（たとえば、ごく簡単な読み書きや計算はでき、助言などがあれば作業は可能である。具体的指示であれば理解ができ、身辺生活についてもおおむね一人でできる程度）

（4）　知的障害を認め、日常生活における身のまわりのことも、多くの援助が必要である。
　（たとえば、文字や数字の理解があっても、保護的環境であれば単純作業は可能である。会話による意思の疎通が困難。身辺生活についても部分的にできる程度）

（5）　知的障害を認め、身のまわりのこともほとんどできないため、常時の援助が必要である。
　（たとえば、文字や数の理解がほとんど無く、簡単な手伝いもできない。言葉による意思の疎通がほとんど不可能であり、身辺生活の処理も一人ではできない程度）

エ　現症時の就労状況

○勤務先　・一般企業　・就労支援施設　・その他（　　　　）
○雇用体系　・障害者雇用　・一般雇用　・自営　・その他（　　　　）
○勤続年数（　　年　　ヶ月）　　○仕事の頻度（週に・月に（　　）日）
○ひと月の給与（　　　　円程度）
○仕事の内容

○仕事場での援助の状況や意思疎通の状況

オ　身体所見（神経学的な所見を含む。）

カ　臨床検査（心理テスト・認知検査、知的障害の場合は、知能指数、精神年齢を含む。）

キ　福祉サービスの利用状況（障害者自立支援法に規定する自立訓練、共同生活援助、共同生活介護、在宅介護、その他障害福祉サービス等）

---

⑪	
現症時の日常生活活動能力及び労働能力（必ず記入してください！）	

⑫	
予　後（必ず記入してください。）	

⑬	
備　考	

上記のとおり、診断します。　　　平成　　年　　月　　日
病院又は診療所の名称　　　　　　　　　診療担当科名
所　在　地　　　　　　　　　　　　　　医師氏名　　　　　　　　　　印

書式　受診状況等証明書が添付できない申立書

年金等の請求用

受診状況等証明書が添付できない申立書

傷　病　名　　　統合失調症

医療機関名　　　豊島メンタルクリニック

医療機関の所在地　　　豊島区豊島1−1−1

受　診　期　間　　昭和・㊙15年 5月 13日 ～ 昭和・㊙18年 8月 31日

上記医療機関の受診状況等証明書が添付できない理由をどのように確認しましたか。
次の＜添付できない理由＞と＜確認方法＞の該当する□に✓をつけ、＜確認年月日＞に確認した日付を記入してください。
その他の□に✓をつけた場合は、具体的な添付できない理由や確認方法も記入してください。

＜添付できない理由＞　　　　　　＜確認年月日＞　平成 29 年 1 月 10 日
- ☑ カルテ等の診療録が残っていないため
- □ 廃業しているため
- □ その他

＜確認方法＞　□ 電話　☑ 訪問　□ その他（　　　　　　　　）

上記医療機関の受診状況などが確認できる参考資料をお持ちですか。
お持ちの場合は、次の該当するものすべての□に✓をつけて、そのコピーを添付してください。
お持ちでない場合は、「添付できる参考資料は何もない」の□に✓をつけてください。

- □ 身体障害者手帳・療育手帳・精神障害者保健福祉手帳
- □ 身体障害者手帳等の申請時の診断書
- □ 生命保険・損害保険・労災保険の給付申請時の診断書
- □ 事業所等の健康診断の記録
- □ 母子健康手帳
- □ 健康保険の給付記録（レセプトも含む）
- ☑ お薬手帳・糖尿病手帳・㊙領収書・㊙診察券（可能な限り診療日や診療科が分かるもの）
- □ 小学校・中学校等の健康診断の記録や成績通知表
- □ 盲学校・ろう学校の在学証明・卒業証書
- □ 第三者証明
- □ その他（　　　　　　　　）
- □ 添付できる参考資料は何もない

上記のとおり相違ないことを申し立てます。

平成 29 年 1 月 20 日

請求者　住　所　　東京都豊島区池袋町1−1−1
　　　　氏　名　　　日暮　洋司　　　印　　※本人自らが署名する場合押印は不要です。

代筆者氏名　　　　　　　　　　　　請求者との続柄　　本人

（提出先）日本年金機構　　　　　　　　　　　（裏面もご覧ください。）

事務所のご案内

さくら坂社労士パートナーズ

「当事務所に関わるすべての人が幸せになること」を事務所理念として、お客様のあらゆる「困った」を「良かった」に変えることを生きがいとしている社会保険労務士の個人事務所です。

社会的に弱い立場の人が幸せな人生を送る手助けをしたいという想いを胸に秘め、安定した会社員生活を棄てて開業しました。当初は不景気のため、中小企業倒産のニュースを多く聞き「何かできないか」と考え、企業向けの助成金サポートを中心に活動しました。

やがて「障害年金のサポートをしてほしい」という声を聞くようになり、障害年金の手続き代行を開始しました。お客様から寄せられてくる喜びの手紙、感謝のメッセージを励みに、お客様の生活・気持ちを最優先に考えて全力でサポートしています。

また、社会保険労務士の業務から逸脱しますが、障害者の富と幸せを願い、「年金手続きだけでは障害者支援とは言えない」と考え、必要な資格を取得して障害者の社会参加をも積極的に支援しています。さらに「就職したい」「収入を得たい」という切実な気持ちにも寄り添い、就活、起業に必要なノウハウを惜しみなく伝え、障害者の経済活動を支援しています。

個人事務所ながら優秀なスタッフに恵まれているため、サービス業務は多岐に渡り社会貢献を実現しています。

主な取り扱い業務
【中小企業様対象】
・助成金サポート
・就業規則等諸規程の作成、人事制度設計
・給与計算、社会保険手続き
・メンタルヘルス対応
・採用を含む労務管理全般
【障害者の方対象】
・障害年金の手続きサポート

事務所の連絡先

住　所
　〒146-0093　東京都大田区矢口１－６－１
　山内ビル５０３
連絡先
　ＴＥＬ　090-5568-9241　　ＦＡＸ 03-6715-0807
　e-mail　info@sakurazakasp.com
　ＵＲＬ　http://www.sakurazakasp.com/

【監修者紹介】
林 智之（はやし ともゆき）
1963年生まれ。東京都出身。社会保険労務士（東京都社会保険労務士会）。早稲田大学社会科学部卒業後、民間企業勤務を経て2009年社会保険労務士として独立開業。中小企業の利益改善のための助成金の提案や就業規則の作成を手掛ける一方で、「障害者支援が天命である」という啓示を受け、障害年金の手続きや障害者の経済活動支援を行っている。また、セミナー講師なども積極的に行っている。
主な監修書に『雇用をめぐる助成金申請と解雇の法律知識』『「65歳雇用延長制度」のしくみと手続き』『雇用・再雇用のルールと手続き』『休業・休職をめぐる法律と書式 活用マニュアル』『社会保険の申請書式の書き方とフォーマット101』『入門図解 労働安全衛生のしくみと労働保険の手続き』『職場の法律トラブルと法的解決法158』『改訂新版 雇用保険・職業訓練・生活保護・給付金 徹底活用マニュアル』『建設業の法務と労務 実践マニュアル』『管理者のための 最新 労働法実務マニュアル』『育児・出産・介護の法律と実践書式サンプル43』『給与・賞与・退職金をめぐる法律と税務』『退職者のための医療保険・生活保護・年金・介護保険のしくみと手続き』『障害年金・遺族年金のしくみと申請手続き ケース別32書式』など（小社刊）がある。

すぐに役立つ
入門図解 最新
メンタルヘルスの法律問題と手続きマニュアル

2018年8月30日 第1刷発行

監修者	林智之
発行者	前田俊秀
発行所	株式会社三修社
	〒150-0001 東京都渋谷区神宮前2-2-22
	TEL 03-3405-4511 FAX 03-3405-4522
	振替 00190-9-72758
	http://www.sanshusha.co.jp
	編集担当 北村英治
印刷所	萩原印刷株式会社
製本所	牧製本印刷株式会社

©2018 T. Hayashi Printed in Japan
ISBN978-4-384-04793-6 C2032

JCOPY 〈出版者著作権管理機構 委託出版物〉
本書の無断複製は著作権法上での例外を除き禁じられています。複製される場合は、そのつど事前に、出版者著作権管理機構（電話 03-3513-6969 FAX 03-3513-6979 e-mail: info@jcopy.or.jp）の許諾を得てください。